P9-DFS-141

Soluciones
para convivir
con un alcohólico

Soluciones para convivir con un alcohólico

JORGE GONZÁLEZ ANCIRA
MARÍA HELENA MANJARREZ†

Sp/ HV 5132 .G66 2000
Gonz alez Ancira, Jorge.
Soluciones para convivir con
un alcoh olico

árbol editorial

MCKINLEY PARK BRANCH
1915 WEST 35TH STREET
CHICAGO, ILLINOIS 60609

❧❧

EL LIBRO MUERE CUANDO LO FOTOCOPIAN

Amigo lector:

La obra que usted tiene en sus manos es muy valiosa. Su autor vertió en ella conocimientos, experiencia y años de trabajo. El editor ha procurado una presentación digna de su contenido y pone su empeño y recursos para difundirla ampliamente, por medio de su red de comercialización.

Cuando usted fotocopia este libro, o adquiere una copia "pirata" o fotocopia ilegal del mismo, el autor y el editor dejan de percibir lo que les permite recuperar la inversión que han realizado.

La reproducción no autorizada de obras protegidas por el derecho de autor desalienta la creatividad y limita la difusión de la cultura –además de ser un delito.

Si usted necesita un ejemplar del libro y no le es posible conseguirlo, le rogamos hacérnoslo saber. No dude en comunicarse con nosotros.

Árbol Editorial

❧❧

© 2000   Árbol Editorial, S.A. de C.V.
         Av. Cuauhtémoc 1430
         Col. Santa Cruz Atoyac
         México D.F. 03310
         Teléfono: 5605 7677
         Fax: 5605 7600
         Correo electrónico: editorialpax@mexis.com

ISBN 968-461-239-7
Reservados todos los derechos

R03023 43978

Contenido

Prólogo

El alcoholismo es motivo de preocupación no sólo para aquellos involucrados profesionalmente con la salud pública, sino para la comunidad en su totalidad, pues ha tomado en la actualidad proporciones realmente alarmantes. Desde épocas inmemoriales ha existido una gran variedad de costumbres de hábitos de ingestión del alcohol en la historia de la humanidad. Algunos relacionados con prácticas religiosas, otros como creencia de capacidades medicinales; en ocasiones la ingestión del alcohol es requisito de acontecimientos sociales importantes y otros. Cualesquiera que fuesen las motivaciones del consumo del alcohol, nos hacen pensar en él como una farmacodependencia que causa conflictos individuales, familiares, sociales y económicos en nuestras sociedades, cuyo incremento ha sido en los últimos años importante, alcanzando no sólo a la población adulta, sino inclusive a la población juvenil. El alcoholismo representa un grave problema, no sólo por la desintegración personal que provoca en los individuos sino por las pérdidas económicas sufridas por el ausentismo laboral, accidentes atribuibles a una ingestión excesiva de alcohol, gastos de rehabilitación y otros por el estilo (cualquiera que sea la incidencia del problema).

El alcoholismo, como toda farmacodependencia, presenta facetas multidimensionales que exigen la atención de todos aquellos sujetos, profesionales o no, cuyo material de trabajo es el hombre.

Unidos sus esfuerzos para la comprensión del problema han permitido que se generalice un cambio de actitud frente al mismo: a través de los años, la que fundamentalmente fue una toma de postura moralista y enjuiciativa, en la actualidad se ha tornado en una actitud más propia de preocupación y deseo sincero de ayudar a los afectados, tomando conciencia de que todos tenemos la obligación de ayudar y cooperar para encontrar soluciones.

Por ello es de felicitarse un material sobre el alcoholismo como éste que el lector tiene en sus manos. No es un texto académico que informe sobre avances científicos y técnicos para el diagnóstico y tratamiento, pero resulta de una síntesis de conocimientos obtenidos de experiencias de trabajos cotidianos con alcohólicos. Éste es su gran valor porque explica en lenguaje accesible, ajeno a tecnicismos, cómo el alcohólico resulta de una síntesis de diversos factores que le dan origen y contribuyen a su desarrollo. Y con ello permite precisar quién es un alcohólico y cómo afecta y hace padecer a su familia. Pero no se detiene en la descripción de estos hechos y en el relato de la enfermedad y sus consecuencias, sino que contiene elementos que guían la reflexión de quien consulta el texto para saber qué hacer.

Orientado el texto a ser aprovechado por cónyuges que empiezan a sufrir el modo de conducirse de su pareja respecto del consumo del alcohol, precisa el punto de gravedad en que presumiblemente está esa persona y cómo comportarse para ayudarle. Por ello su título *Soluciones para convivir con un alcohólico* define bien su contenido y lo que se puede esperar de una lectura atenta.

Conviene hacer algunos comentarios sobre el modo de aprovechar mejor este texto y que justifican una cierta repetición de conceptos y la inclusión de cuestionarios en el desarrollo de la exposición. El libro está organizado para proporcionar una información general sobre el alcohol y el alcoholismo y para tener una idea del grado de alteración que tiene una persona. Los conocimientos básicos se contienen en el capítulo I. En el siguiente capítulo se responde a aspectos específicos y se presentan situaciones y series de preguntas que permiten responder a la pregunta básica: ¿soy (es él) alcohólico?, siendo la respuesta en el orden positivo, se dan las descripciones que ubican la gravedad del problema. Por último, se enumeran una serie de consejos prácticos para tener éxito en el manejo de un familiar alcohólico y obtener su recuperación.

En un medio en el que sobran materiales que carecen de sentido práctico, este libro llena una laguna. Ojalá estimule la producción de más textos semejantes, útiles herramientas para resolver problemas tan graves de la vida individual, familiar y social.

Dr. Jorge Llanes

*Con agradecimiento
a mi esposa Cuca
y a mi hijo Jorge*

Capítulo I

Conocimientos básicos sobre el alcoholismo

Qué es el alcohol

Para que nos demos cuenta de lo que ocasiona el alcohol a aquellos que lo beben, es necesario saber qué es y aunque hay numerosas clases de alcohol, a nosotros sólo nos interesa el etílico (al que nos referimos siempre que hablamos de alcohol).

Éste es un líquido casi inodoro, incoloro y con un fuerte sabor quemante: todas las bebidas llamadas alcohólicas lo contienen, como por ejemplo el brandy, el coñac, el tequila, el mezcal, el ron, el whisky y todos los demás.

El alcohol se produce mediante un proceso natural llamado fermentación. La levadura, que es una forma de moho, al recibir calor y humedad convierte el azúcar de los frutos, vegetales, granos y otros productos que crecen de la tierra en alcohol y gas (el bióxido de carbono que se evapora). Un ejemplo de este proceso se encuentra en la elaboración del pan: la levadura utilizada produce alcohol y bióxido de carbono. Este último hace que el pan esponje, al mismo tiempo que el calor

1

expulsa el alcohol. Nuestros organismos realizan funciones similares en la digestión de los alimentos.

En la naturaleza, el proceso de fermentación continúa hasta que la concentración de alcohol llega más o menos al 14 por ciento, a no ser que sea detenida antes por el calor o por otros productos químicos. Al llegar a ese porcentaje aproximado la levadura deja de actuar ya que se encuentra en la cúspide de su fermentación natural, pero la concentración de las bebidas alcohólicas puede ser aumentada, si se le añade más alcohol elaborado mediante la destilación. El proceso de fermentación existe casi desde los albores de la humanidad; el proceso de destilación apareció más adelante. Aunque los chinos ya hacían bebidas de arroz destilado antes de la era cristiana, fueron los árabes los que llevaron este proceso a Europa.

Pero ¿cómo se lleva a cabo este proceso de destilación?

El alcohol tiene un punto más bajo de ebullición que el agua. Cuando se calientan las sustancias que lo componen se convierte en un vapor que después, por medio del enfriamiento, es transformado en un fluido más puro.

Es por esto que los destilados tienen una concentración mucho más alta de alcohol. Es demasiado fuerte para beberse puro, pero se puede mezclar con agua, jugos de frutas o refrescos; es decir, puede prepararse en diversas formas.

Clases de bebidas con alcohol

Generalmente, las bebidas con alcohol se agrupan en tres categorías, a saber: vinos, cerveza y destilados.

Vino

Posiblemente el vino haya sido la primera bebida alcohólica que consumiera el hombre. Éste se puede elaborar dejando fermentar cualquier jugo de frutas que contenga azúcar.

La levadura que se encuentra en el medio ambiente, así como en el propio jugo, empieza a actuar sobre el azúcar, transformándola en alcohol. Aunque usualmente se asocia el vino con el jugo fermentado de uva, también puede derivarse del jugo de otras frutas, granos, flores, savia de árboles y miel. De forma natural no llega a tener más de un 14 por ciento de alcohol puro, pero a veces se fortifica para lograr un porcentaje más alto. Así, los vinos de mesa que tienen aproximadamente un 12 por ciento de concentración de alcohol para que duren se fortifican haciéndolos llegar a una concentración de 18 por ciento.

El vino ha sido usado, y todavía se usa en los ritos de muchas religiones; medicinalmente, como tónico; incluso algunas razas lo beben como sustituto del agua, la leche, el té o café. Se asocia desde hace mucho tiempo a la cultura de muchos pueblos. Incluso algunas familias y colectividades a través de los siglos han hecho famosos a ciertos vinos, debido a un proceso especial o a la calidad de las sustancias utilizadas. Y no es infrecuente que tanto para combatirlo como para defender su uso, y a fin de justificar actitudes, se aleguen conceptos expuestos en la Biblia.

Cerveza

La cerveza se obtiene de la malta que es un cereal. La fécula del cereal se convierte en azúcar mediante el proceso de fermentación que se realiza al añadirle levadura. El alcohol resultante del caldo del cereal contiene entre el 3 y el 6 por ciento de alcohol puro. A éste se le añade lúpulo y otros amargos, para proporcionarle su sabor singular. La adición del lúpulo distingue a la cerveza del "Ale", aunque se llame "cerveza" a todas las bebidas de alcohol con malta.

Su consumo ha sido asociado también, a través de las eras, con festividades, rituales y prácticas culturales. Pensando que es bebida de moderación, se vende en espectáculos, y por los efectos que tiene sobre el comportamiento es causa de grandes tragedias.

Bebidas destiladas

El grupo conocido como destilados o licor incluye: el brandy, la ginebra, el ron, los whiskies, el tequila y otros.

Estas bebidas destiladas contienen una concentración de alcohol mucho más alta que la cerveza o el vino (generalmente llega al 40 o 50 por ciento). Estas concentraciones tan altas se logran por medio de la destilación y a través de la infusión o fortificación de la bebida con alcohol puro y son más solicitadas debido a su capacidad de mezclarse con facilidad, con lo que se transforman en bebidas más sofisticadas y potentes. Por ejemplo, los cordiales y los diversos tipos de brandy son generalmente una bebida fuerte, endulzada y condimentada con sustancias aromáticas.

Grados

Éste es un término usado para denotar el porcentaje de alcohol puro contenido en las bebidas.

Antes de que se dispusiera de los instrumentos y los productos químicos con que se cuenta en la actualidad, para saber si una bebida contenía el mínimo de alcohol exigido, se realizaba la siguiente prueba: Se saturaba una pequeña cantidad de pólvora con la bebida a probar; si al ponerle fuego se encendía, sí contenía el mínimo de alcohol exigido.

Reina gran confusión con respecto a los factores que se toman como base para efectuar su medición. Así, las normas de los Estados Unidos interpretan la prueba (*proof*) de 100, como un volumen absoluto de alcohol del 50 por ciento. Por el contrario, las normas británicas y canadienses definen a los licores con graduación de 100, como bebidas que contienen un 57.1 por ciento de alcohol absoluto por volumen.

Por otra parte, el contenido de alcohol de los vinos y de los licores destilados se mide o "prueba" de la misma manera; pero el de la cerveza se mide tomando como base el porcentaje de alcohol en peso y no en volumen.

Propiedades físicas

Aunque mucha gente diga que las bebidas alcohólicas son el "agua o la sangre de la vida", hay que tener en cuenta que cuando se consume mucho alcohol sin alimentarse adecuadamente, pueden surgir serios problemas de alimentación y anemia.

Por lo general las cervezas y vinos retienen algunos de los minerales y vitaminas de las sustancias de que provienen (frutas, granos, etc.), *los destilados no contienen ni retienen ninguno de estos elementos*. Pero aunque el vino y la cerveza pueden tener algún valor alimenticio, reemplazar la comida por las bebidas alcohólicas crea graves deficiencias vitamínicas y minerales. El alcohol proporciona energía derivada del azúcar, pero no contiene ninguno de los alimentos esenciales que proporcionan vigor.

Efectos del alcohol en el cuerpo

El alcohol se distribuye de una manera uniforme a través del cuerpo por medio de la absorción sanguínea. Al ingerirse permanece en el estómago, donde ya empieza a pasar a la sangre, aunque todavía en un pequeño porcentaje. Luego en el intestino delgado la sangre lo absorbe rápida y totalmente pasando a todo el organismo. Para asimilar el alcohol no hay que digerirlo antes, a diferencia de lo que ocurre con el alimento.

Algunas personas tienen una defensa contra el alcohol: el esfínter pilórico (un músculo que está a la entrada del estómago); por razones físicas o emocionales, no permite que el estómago elimine el alcohol, retardando su proceso de absorción. Normalmente produce el vómito y así, como la persona se siente mal, evita que siga bebiendo o que se exceda, por lo que es poco probable que incurra en el alcoholismo.

Por otra parte, la presencia de alimentos en el estómago, especialmente de alimentos grasosos, proteínas y leche, demora la absorción y, en consecuencia, paraliza los efectos inmediatos del alcohol. Una copa antes de la comida puede tener un efecto mayor que varias después de ella.

Asimismo, los destilados pueden traer peores consecuencias que cantidades similares de cerveza o vinos ligeros. Las bebidas gaseosas, es decir con bióxido de carbono extra, como la champaña, se absorben con mayor rapidez; por eso se dice que se "suben".

Mucha gente cree que las bebidas alcohólicas son estimulantes. Sin embargo, nosotros podemos afirmar que son sedantes y que tienen un efecto similar al que produce el éter o el cloroformo, ya que dilata y relaja los vasos sanguíneos. Incluso, en muchos casos se ha llegado a utilizarlas como anestésico.

Además de este efecto producen otros que llegan a afectar a gran parte del organismo. Así tenemos que:

1. Deprimen el sistema nervioso: El daño que producen en este sistema varía según la concentración de alcohol en la sangre. Por lo tanto:

- A una concentración de 0.05 por ciento de alcohol, se afectan las funciones de los niveles más altos del sistema nervioso central. Éstas se localizan en la corteza del cerebro, que controla las inhibiciones, el juicio y el autocontrol.
- A una concentración del 0.10 por ciento, se afectan las zonas más bajas del cerebro, es decir las zonas motoras: el bebedor llega a bambolearse, a tener dificultad para vestirse o no atinarle a la cerradura y a estar incapacitado para hablar con coherencia.
- A una concentración del 0.2 por ciento, se ve afectado el cerebro medio, que controla la expresión emocional. En esta etapa se necesita ayuda para caminar y vestirse, el bebedor se enoja sin motivo, se pone bullicioso o llorón.

- A una concentración del 0.3 por ciento, se afecta la parte baja del cerebro, que controla las zonas primitivas. Se deprime más la percepción sensorial. El bebedor deja de captar lo que ve y lo que escucha y puede dejar de ser consciente de lo que ocurre a su alrededor.
- Con una concentración del 0.4 al 0.5 por ciento queda completamente deprimida esta última zona. El bebedor alcanzará entonces un completo estado de estupor, como si estuviera anestesiado.

A estos grados se llega a afectar seriamente la base del cerebro, que es la que controla los latidos del corazón y la respiración. Por eso a veces puede sobrevenir la muerte, aunque no ocurre con frecuencia, porque el bebedor llega al estado de inconsciencia antes de ingerir esa cantidad letal.

Conforme se oxida el alcohol se regresa gradualmente al estado de conciencia.

2. Una pequeña cantidad de alcohol es capaz de aumentar el flujo de jugos en el estómago. Éstos, al ser activados, producen una sensación de hambre. Así, en muchos casos, una cantidad pequeña de alcohol estimula el apetito, de ahí que existan los aperitivos.

No obstante, las soluciones concentradas de alcohol pueden irritar seriamente los tejidos. Los bebedores inmoderados generalmente desarrollan una inflamación crónica de las paredes del estómago, conocida con el nombre de gastritis.

3. Se puede afectar seriamente el hígado. Éste se inflama y se endurece.
4. En ocasiones se producen afecciones renales.
5. Se irritan mucho los nervios de boca, garganta y esófago, acelerando las palpitaciones del corazón, con lo que aumenta el flujo sanguíneo a través de los vasos superficiales. Esto se nota por el enrojecimiento de la piel y la sudoración excesiva. La nariz se pone roja y los ojos se ven inyectados.
6. Por regla general no perjudica las glándulas sexuales, ni estimula la actividad sexual, aunque sí disminuye la potencia sexual.

Sin embargo, no hay evidencia de que el alcohol cause lesiones crónicas en todos los bebedores: la vieja superstición de que los padres borrachos engendran hijos lisiados no es más que un mito.

Efectos psicológicos del alcohol

En todo caso los efectos físicos no pueden separarse de los efectos psicológicos que produce el alcohol.

La mayoría de las personas que beben lo hacen con moderación y aunque no den muestras de cambios evidentes de conducta, a todas las afecta en cierto grado. Así, muchas veces sienten un alivio de la angustia, un estado de ánimo más alegre o una sensación de relajación. Incluso se pueden volver más habladoras y perder un poco la conciencia de lo que dicen.

Aunque las cantidades mínimas de alcohol deterioran el juicio, el habla, la acción, visión y coordinación, algunos bebedores pueden reaccionar mejor que otros después de haber tomado una o dos copas.

El que ha bebido puede realizar algunas tareas normales y rutinarias sin dificultad; sin embargo, otras que no le sean familiares o que sean más complejas, le resultarán más difíciles. Por ejemplo, su capacidad para responder adecuadamente a las emergencias se verá bastante afectada.

Con la ingestión del alcohol, las cosas que se han aprendido en el transcurso de los años se vuelven hábitos y reflejos, mientras que aquellas que se han aprendido recientemente (o no han sido del todo asimiladas) pueden ser desechadas con facilidad.

Como las emociones y los actos responden al unísono a los efectos del alcohol, no se pueden separar arbitrariamente. Esto es particularmente importante en lo referente al manejo del automóvil, motocicleta, e incluso aeroplano: la sensación de mayor confianza y bienestar que crea el alcohol produce una reducción del juicio, de la tensión y angustia, pudiendo conducir al bebedor a realizar actos que no cometería sin estar ebrio, ya que se ha probado que el tiempo de reacción de una persona se reduce tal vez en un 40 por ciento, por el consumo de una cantidad grande de alcohol.

Después de llevar muchos años consumiendo alcohol, cuando deja de beber, puede mostrar evidencias de todo tipo posible de desórdenes emocionales, aunque generalmente desaparecen cuando logra la abstinencia. No se podrá determinar el estado emocional del alcohólico hasta que no se restablezca físicamente. Casi todos los alcohólicos que logran la abstinencia, cuando ya están bien físicamente y tranquilos emocionalmente, son individuos nuevos. A quienes los rodean, les parece difícil creer que pudieron ser los individuos problemáticos que fueron. (En el lenguaje de Alcohólicos Anónimos, a la abstinencia feliz se le dice "sobriedad").

El médico psiquiatra Joseph Puirsch, opina que deberían tratarse los desórdenes emocionales de los alcohólicos un año después de haber permanecido en total abstinencia, a fin de tener la seguridad de que la afección no es producida por el uso del alcohol.

Eliminación

La mayor parte del alcohol se elimina por medio del proceso de oxidación que libera la energía producida en forma de calor. Este proceso inicia en el hígado y continúa en la sangre y el tejido muscular. Pero esto varía dependiendo de la salud, el tamaño y funcionamiento del hígado de cada persona. Así, por ejemplo, cuando este organismo está enfermo, la oxidación se desarrollará en condiciones adversas.

Si la cantidad de alcohol es pequeña también se puede eliminar a través del sudor, la orina, la respiración o el vómito.

Una persona con peso aproximado de 60 kilos, elimina a razón de una copa chica de ron, tequila, u otra bebida, o sea 12 mililitros de alcohol etílico puro, por hora, aunque hay que tener en cuenta que la cantidad de alimento ingerido afecta materialmente esta proporción.

Con respecto a los "remedios" caseros como el café o hacer ejercicio, baño de vapor o sustos, para lo único que sirven es para que el individuo no beba mientras esté entretenido con ellos, y de este modo, no aumente la concentración alcohólica en su organismo.

El alcohol sólo se puede eliminar con el tiempo.

La resaca

Se llama resaca o "cruda" al malestar que siente el bebedor al día siguiente de haber bebido.

Dependiendo del tipo de bebedor, se manifestarán distintas reacciones y sentimientos en el período de resaca; así:

- El bebedor social llega a la borrachera un poco inconscientemente. Ha fumado demasiado, ha bebido en exceso, incluso distintas clases de bebidas y ha tenido poco descanso. Generalmente se siente con náuseas, fatigado y un poco culpable.

El café, los ejercicios y otros remedios sólo le ayudarán a aliviar temporalmente su malestar. Insistimos: el exceso de alcohol sólo se aliviará con el paso del tiempo.

- La resaca de la persona que frecuentemente bebe en exceso trae consigo el remordimiento, sudores, una sensación de angustia en el estómago y un efecto como si estuvieran todos los nervios a punto de estallar. Muchas veces para posponer la cruda se toma otra copa, aumentando la concentración alcohólica en el organismo, pero esto no hará más que prolongar su estado de inconsciencia.

Qué es el alcoholismo

El alcoholismo es una enfermedad producida por la ingestión de bebidas alcohólicas.

De cada diez personas que beben (en México aproximadamente tres millones), una se vuelve alcohólica.

Beber alcohol es una costumbre muy difundida, que se ha transmitido de generación en generación. ¿En qué fiesta, boda, bautizo, despedida y celebración se prescinde de bebidas alcohólicas? Pero, si todos beben, ¿por qué afecta a algunos individuos y a otros no? Se piensa que existe un factor desconocido, quizás metabólico, al que llamaremos X, que unido a ciertos productos que se ingieren, más el tiempo que se tardan en consumir, trae como consecuencia una descomposición o enfermedad, es decir un desequilibrio bio-psico-social. Un ejemplo de esto es:

$$\text{azúcar} + \text{tiempo} + \text{factor } X = \text{diabetes}$$

Hace algunos años se descubrió que el factor X en realidad era el incorrecto funcionamiento del páncreas cuando se ingerían azúcares o carbohidratos.
Otro ejemplo:

$$\text{camarones} + \text{tiempo} + \text{factor } X = \text{urticaria}$$

Con el tiempo se descubrió que la urticaria la producía una alergia. Ésta aparecía porque el hígado era incapaz de eliminar ciertos productos, como el camarón.

Con estos dos ejemplos podemos establecer que sólo ciertas personas se enferman, no por el producto que ingieren, sino por la disfunción de algún órgano o sistema orgánico.

En el caso que nos ocupa, el alcohol es el vehículo que, al igual que el azúcar o el camarón, daña a los órganos o sistemas enfermando al individuo. Así,

$$\text{alcohol} + \text{tiempo} + \text{factor } X = \text{alcoholismo}$$

Por desgracia en este caso no se ha podido encontrar, como en los anteriores, el elemento que los ayude a contrarrestar su efecto perjudicial, como la insulina o el antialérgico.

La tolerancia de cantidades excesivas de alcohol que parecen desarrollar los alcohólicos, es de hecho un proceso aprendido para ajustarse a la cantidad ingerida.

Un alcohólico siguiendo la fórmula de *alcohol* + *tiempo* + *factor X* = *alcoholismo*, necesita haber sido inducido a beber alcohol en cualquiera de sus formas: cerveza, vino o destilados y, pasado el tiempo, haber llegado a desarrollar un apetito, una tolerancia a sus efectos y una dependencia.

El alcohol ayudará a algunos a adormecer sus problemas, convirtiéndose en una imperiosa necesidad. Vamos a poner un ejemplo de esto: el control de los movimientos y acciones que dominamos, son funciones aprendidas y no heredadas, son cualidades de autodisciplina que nos permiten vivir conforme a las reglas dictadas por la sociedad. ¿Cómo reaccionaremos ante la autoridad?, ¿cómo expresaremos nuestra hostilidad?, ¿en qué forma estableceremos una buena relación con los demás? El proceso de aprendizaje de estas reglas puede resultar doloroso para algunos. Conforme se vayan adormeciendo estas funciones por medio del alcohol, menos dolor producirán. En este momento es cuando el alcohol deja de ser un relajante social para volverse una adicción. Hay quienes padecen de depresión continua y de un profundo sentimiento de minusvalía. Incluso llegan a pensar en la posibilidad del suicidio. Estas personas pueden llegar a convertirse en bebedores, haciendo del alcohol su muleta necesaria y continua. También estarían incluidas en este grupo las personas que padecen de dolores físicos y emocionales, que usan el alcohol para adormecer el dolor y aceptar la aflicción emocional que producen las enfermedades como la tuberculosis, el cáncer o la poliomielitis.

El control emocional que posee cada uno, varía de una ocasión a otra: mientras la mayoría de las personas viajan sobre una curva uniforme, hay otras que tienen altibajos. En el primer caso, el consumo de alcohol al igual que sus efectos, sólo serán moderados, ya que la persona tiene controles emocionales bien establecidos y aprendidos. El bebedor puede sentirse más a gusto debido a que se reducen las tensiones y ansiedades. Su trato con los demás prácticamente no se alterará. En cambio, sí afectará a los que todavía no han aprendido a controlarse emocionalmente. Cuando se bebe alcohol se hacen a un lado las inhibiciones y la conducta se vuelve menos ordenada y disciplinada. El bebedor de este último tipo puede volverse ruidoso, sentir más confianza en sí mismo y menos angustia. Puede ponerse agresivo y expresarse con mucho vigor. Al recobrar la abstinencia vuelven a reafirmarse los controles que aprendió o adquirió y no puede explicarse por qué actuó así mientras estaba bajo los efectos del alcohol.

La persona sobrecontrolada, por ser demasiado rígida e inhibida, no puede expresar en forma adecuada ningún tipo de sentimientos. El alcohol le ayudará a expresarse dándose a conocer a sí mismo, y a actuar con menos embarazo y tensión ante los demás; puede hacer que esta persona se vuelva mucho más significativa e importante ante ella misma y ante los demás. Es-

to es un alivio para ella, por lo que de manera sub-
consciente y con cierta facilidad, puede volverse demasiado dependiente del alcohol. El bebedor no se
percata de que cada vez se hace mayor la cantidad necesaria para mantener ese estado placentero, e invo-
luntariamente va perdiendo el control.

Por eso, conforme evoluciona la dependencia del alcohólico cambia su personalidad y se desarrollan las
fases del alcoholismo.

Características del alcoholismo

Es un padecimiento evolutivo

Los alcohólicos pierden poco a poco el control de la
cantidad, de cómo, cuándo, dónde y qué consumen.
Generalmente el padecimiento evoluciona a través de
un largo período de tiempo. Los cambios sutiles que van
teniendo lugar no son fácilmente medibles ni tampoco
demasiado obvios para el alcohólico, ni para aquellos
que lo rodean, hasta que el padecimiento alcanza un estado grave. La forma de beber se vuelve cada vez más
dependiente; cada borrachera es peor que la anterior y, finalmente, se requiere de menos alcohol para
reducir al individuo a un estado de total desamparo.

Es un padecimiento crónico

El alcoholismo es un padecimiento crónico porque
evoluciona a través de un largo período y es perma-
nente. La mayoría de los alcohólicos padecen, de manera regular y periódica, de estados prolongados de
intoxicación debido al uso continuado del alcohol. Be-

ber excesiva y prolongadamente puede traer como consecuencia algunos cambios fisiológicos, psicológicos o ambos. No se conoce ningún remedio para este estado crónico, excepto la abstinencia absoluta.

El alcohólico es el último en reconocer su padecimiento

La característica más frustrante y desesperante es que por lo general el alcohólico es la última persona en darse cuenta del inicio y evolución del padecimiento y, lo que es peor, en reconocer que es alcohólico. Las confusiones, la ambivalencia en las actitudes y la falta de conocimiento y comprensión sobre el alcoholismo, combinado con las actitudes personales adversas y las inferencias morales, hacen difícil que el alcohólico acepte que está enfermo.

Por eso llega con tal facilidad a puntos elevados, donde resulta imposible la recuperación de la salud.

Tipos de bebedores

En muchos casos resulta difícil separar al alcoholismo del consumo de bebidas alcohólicas por razones sociales. Inicialmente todos los bebedores, tanto sociales como alcohólicos, dan muestras de comportamientos similares con respecto al consumo de alcohol.

La mayoría de los alcohólicos aprenden a ocultar las manifestaciones de su padecimiento. Incluso, en las primeras etapas, evitan que su forma de beber sea demasiado obvia o diferente a la de las otras personas con quienes conviven.

No se puede predecir si todos los bebedores incurrirán o no en el padecimiento, pero sí sabemos que uno

de cada diez se volverá alcohólico y que la única cura
será la abstinencia.

En cualquier caso se puede establecer una clasifica-
ción como la que aparece más adelante.

Bebedores sociales

Son los que beben con propósitos sociales y en la cantidad que acepta y permite el grupo. Entre los bebedores sociales se encontrarían: los bebedores ocasionales,
los que beben por rito, los que toman alcohol como
parte de la dieta y los promotores sociales alegres y
exuberantes. Normalmente, para éstos las bebidas alcohólicas son secundarias a la función u ocasión de beber;
no es más que un síntoma de la cultura, representativo
de ese grupo.

La forma y cantidad de alcohol que se consume varia-
rá conforme a los convencionalismos o la cultura del
grupo de que se trate, pero en cualquier caso no será
exagerado.

TIPOS DE BEBEDORES	
Bebedores sociales	**Bebedores excesivos o alcohólicos**
• Excesivos constantes • Frecuentes • Poco frecuentes	• Dependientes continuos sin borracheras prolongadas • Sufren borracheras prolongadas ocasionales • Periódicos

Tampoco es extraño que el individuo beba solo. Así, por ejemplo, puede beber cerveza o vino con las comidas, ya que la costumbre de la raza o grupo así lo dictamina. Es decir, es una manera o estilo aceptado por esa cultura y no un síntoma de un conflicto o necesidad interior. La mayoría de los bebedores se conservan dentro de estos convencionalismos aceptados.

Este grupo lo podemos dividir en tres grupos generales: consumidores poco frecuentes, frecuentes o habituales y constantes. Los cambios de posición del individuo, el estatus social y factores culturales pueden hacer que algunos miembros se trasladen al siguiente grupo y viceversa.

a) Bebedores poco frecuentes

Los consumidores poco frecuentes de bebidas alcohólicas son los que toman una copa ocasionalmente. Este grupo parece mostrar un control total de la cantidad que ingiere y nunca beberá más de una copa, a lo sumo dos. En algunas ocasiones llegan a sentir escrúpulos al beber. Otras veces, siempre en raras ocasiones, toman lo suficiente para gozar de un "achispamiento feliz", pero nunca se emborrachan.

Este grupo incluye a los individuos que no acostumbran beber, pero en ocasiones prueban una bebida suave para brindar en algún evento especial; por ejemplo, en un aniversario y otras celebraciones similares. Ésta es una forma de uso ceremonial a la que ellos no consideran "beber".

Aunque este tipo de bebedores no es mojigato o antialcohólico, encaja perfectamente dentro de la categoría de los bebedores moderados. Sería difícil estimar co-

precisión el número de consumidores que hay dentro de este grupo, debido al cambio que se está operando actualmente en los hábitos y costumbres de beber.

b) Bebedores frecuentes

Dentro de este grupo se encuentra el mayor número de consumidores de alcohol. Por lo regular, toman bebidas alcohólicas en toda ocasión social y lo normal es que la mayoría tenga en su casa una provisión más o menos grande de bebidas.

Aunque es posible que a veces lleguen a intoxicarse ligeramente (menos del 0.1 por ciento de concentración de alcohol en la sangre), rara vez se emborrachan. Incluso, hay ocasiones en que el hecho de beber un poco más de la cuenta se considera aceptable: en fin de año, en bodas y sucesos parecidos. Tal vez beben más durante los fines de semana, pero son consumidores con controles aprendidos, necesarios para el grupo al que pertenecen. Invitan y son invitados con frecuencia, pero beben de acuerdo con sus propósitos. La mayoría desaprobaría que cualquiera de su grupo se emborrachara o perdiera el control. Por lo general, estas personas beben y manejan sin escrúpulos.

c) Consumidores excesivos constantes

En ellos se incluyen los que beben diariamente, los que lo hacen en exceso y con regularidad y los que se emborrachan frecuentemente. Por lo general van a reuniones en las que se sirven cocteles y beben a la hora de la comida, en la cena y en la noche. Algunos tal vez beben más durante los fines de semana y llegan a emborracharse con frecuencia.

La mayoría de la gente que incurre en el alcoholismo proviene de este grupo de consumidores excesivos y constantes. Sin embargo, casi todos, aunque beben en exceso, conservan el completo control y no se vuelven dependientes o adictos al alcohol.

La manera de beber excesiva por parte de algunos individuos pertenecientes a este grupo puede ocasionarles la ignorancia o el rechazo de su mismo grupo de bebedores, ya que su conducta se hace imposible cuando beben, aunque no sean necesariamente alcohólicos. Muchos de nuestros bebedores excesivos, al no tener ningún interés o método de relajación no se divierten con los deportes, la música, una buena obra de teatro, ni con cualquier otro espectáculo. El rechazo que sufren por parte de sus compañeros de bebida puede inducirles a que desciendan en la escala social, pero mientras conserven el control para dejar de beber cuando deban hacerlo, no serán bebedores compulsivos. El concepto de "enfermedad" no es aplicable a su patrón de beber.

Dentro de este grupo de consumidores constantes se incluye el subgrupo de "bebedores irresponsables". Éstos buscan ocasiones y funciones con el propósito explícito de emborracharse y su conducta llega a rebasar las reglas tradicionales aceptadas por el grupo de bebedores excesivos constantes. En ocasiones, algunos de estos bebedores deciden limitar su consumo e incluso llegan a lograrlo sin dificultad. La mayoría toma sus precauciones a fin de evitar que el consumo excesivo de alcohol se interponga gravemente con el desempeño de sus ocupaciones. Sin embargo, la irresponsabilidad en su forma de beber sí afecta sus relaciones familiares e interpersonales. Por regla general estos bebedores "se unen" para protegerse contra la crítica de fuera.

También están en este grupo los que beben para compensar sus deficiencias sociales; por ejemplo, el sujeto que no recibe reconocimiento bebe y es tirano en su hogar; el tímido se emborracha y se vuelve importante y despilfarrador, y otros casos semejantes.

Hay bebedores cuyas ocupaciones demandan aparentemente un consumo de alcohol continuo y constante. Éstos quizá beberían menos si cambiaran de ocupación, a no ser que se vuelvan completamente dependientes. Algunos bebedores inmoderados encajan dentro de los patrones de consumo excesivo, recreativo y ceremonial obedeciendo a costumbres culturales, fraternales, comunitarias y nacionales.

Para los bebedores sociales, las bebidas con alcohol representan un estilo de vida y son un símbolo de las costumbres sociales dentro de las prácticas nacionales de convivencia y de amistad. Las propiedades químicas del alcohol les afectan, pero para algunos se empieza a volver una medicina o droga en vez de una costumbre social.

Bebedores excesivos y alcohólicos

Cuando se investiga por qué un bebedor se vuelve dependiente, surgen preguntas como: ¿el alcohol es la única causa?, ¿le falta fuerza de voluntad al bebedor?, ¿influye la cantidad que beba?

Como la mayoría de la gente bebe sin que este hecho traiga consecuencias graves, el alcohol no puede ser por sí solo la causa por la que un bebedor se vuelve dependiente. El alcohólico potencial debe combinar con el alcohol, uno o más ingredientes para volverse alcohólico dependiente; es decir, el alcohol sólo será ese fusible o factor X. Esos bebedores son tal vez más sensibles y susceptibles a los efectos de las bebidas alcohólicas.

No podemos asociar la fuerza de voluntad con la evolución de ningún padecimiento: ¿se puede controlar con la fuerza de voluntad la diarrea, el resfrío común o la tuberculosis? Entonces, si el alcoholismo es una enfermedad, tampoco podrá controlarse con fuerza de voluntad.

La cantidad que beba el alcohólico no es una característica esencial del alcoholismo. Incluso, muchos bebedores inmoderados o excesivos consumen más que algunos alcohólicos. Un consumidor leve o inmoderado puede tener problemas por causa del alcohol, pero no necesariamente llegar a convertirse en alcohólico. Por tanto, habrá que analizar otro tipo de factores que inducen a este padecimiento: el alcohólico encuentra gradualmente un mayor atractivo por el alcohol y se hace dependiente de él, lo que no sucede con los bebedores sociales. Los bebedores excesivos pueden ser conscientes de que sus problemas personales van en aumento, pero al principio no los relacionan con su consumo de alcohol. Se encuentran incapacitados para controlar "su forma de beber", y para beber de acuerdo con sus intenciones iniciales sobre la cantidad, el tiempo y el lugar. Este bebedor no se detiene y a medida que pasa el tiempo le es más difícil. Empieza a sentir que sin alcohol no puede enfrentarse a las crecientes presiones que le rodean. Esto los diferencia de la mayoría de los bebedores sociales, que pueden conservar la capacidad de detenerse, a despecho de otros problemas personales, aunque a veces beban más de la cuenta.

El alcohólico se caracteriza porque, a pesar de sus intenciones personales, empieza a beber o bebe demasiado en los momentos y lugares más inadecuados. Para él, la primera copa desata una reacción en cadena que ya no puede controlar; deja de tener sentido todo lo que es importante para él cuando está sobrio. Estos factores unidos nos dan un buena definición del alcoholismo:

Cuando se muestre una falta progresiva de capacidad para beber de acuerdo con las intenciones personales, y el modo de beber sea de hecho diferente al del resto del grupo con el que se relaciona y esta actitud se interponga poco a poco en las relaciones normales del hogar, el trabajo, y en las propias relaciones interpersonales, entonces se podrá hablar de alcoholismo en alguna de sus manifestaciones.

Los alcohólicos se pueden agrupar en tres tipos generales: bebedores dependientes continuos sin borracheras prolongadas, los que tienen borracheras prolongadas ocasionales y los periódicos.

a) Bebedores dependientes continuos
  sin borracheras prolongadas

Son aquellos que beben con regularidad y tal vez fuertes cantidades. No parecen pasar nunca de una cierta euforia y punto de saturación. Dependen verdadera y definitivamente del alcohol, del que nunca prescinden, aunque parecen haber aprendido a controlar su manera de beber mucho mejor que los grandes bebedores sociales. A un bebedor excesivo el médico puede decirle: "deje de beber, porque su hígado está enfermo", o "deje de beber, si quiere que su corazón siga funcionando", y él podrá olvidarse del alcohol porque en el fondo su interés primordial es la buena salud.

En la mayoría de los casos, el alcohólico está preocupado y si no le diera miedo dejaría de beber. No puede concebir fácilmente una vida sin alcohol y sabe que si se detiene tendrá que enfrentarse con una angustia difícil de asimilar. Gracias al nivel de saturación o concentración del alcohol al que se ha acostumbrado, alcanza un estado libre de preocupaciones. El alcohólico no toma una o dos copas porque le apetezca, sino para mantener su estabilidad al tiempo que su bienestar físico y emocional. Siente un apremio desesperado por beber la cantidad necesaria para llegar a este estado. La supresión del alcohol le crea una congoja angustiosa y la mayoría de las veces tiene que ir aumentando la cantidad que consume para obtener el mismo efecto. (Éste es el aumento de la tolerancia).

b) Dependientes continuos con borracheras
  prolongadas ocasionales

Éstos, aunque beben constantemente, pueden conservar un buen control la mayoría del tiempo, pero en el momento que crecen las presiones y la oportunidad lo permite explotan con una borrachera, para finalmente volver a su "beber controlado". A medida que pasa el tiempo, se van juntando sus borracheras y el descanso del consumo se vuelve cada vez más difícil, hasta que llega un momento en que una borrachera sucede inmediatamente a la pasada. Se empieza bebiendo fin de semana, éste se convierte después en un fin de semana largo, para acabar quizás con un período más prolongado. Ya no sólo se trata de la cantidad consumida, sino del "cuándo y cuánto tiempo". Se hacen más frecuentes los intentos de abstinencia, de cumplir las promesas, de permanecer un tiempo sin beber o dejar de beber. También se tienen que enfrentar con una serie de problemas como abandono de la familia, pérdida del empleo, de estatus social y económico, entre otros.

c) Bebedores periódicos

El alcohólico periódico puede abstenerse del alcohol, de la clase que sea, durante semanas o meses.

Algunos, al aceptar ayuda parcial pueden modificar su patrón de consumo, es decir pasan de uno constante a otro de consumo periódico. Se conocen casos de períodos bastante largos de abstinencia, pero aunque hayan mejorado vuelven a caer, y así durante años. En el fondo estos alcohólicos están luchando todavía contra sí mismos y aunque intelectualmente logran tener un control parcial sobre su consumo, emocionalmente mantienen ciertas reservas respecto a su manera de beber. Si mediante una terapia adecuada lograran ajustes personales más sólidos, con seguridad encontrarían mejores impulsos para la recuperación. Pero son renuentes a buscar ayuda.

Este bebedor es tal vez el caso más difícil de abordar. Gracias a los períodos de abstinencia construye una coraza defensiva que le impide tomar las medidas necesarias para resolver por completo la situación. La mayoría de los alcohólicos periódicos son generalmente casos muy ocultos. Aunque por lo general siguen una regla constante en cuanto a la periodicidad con la que beben, la mayoría tarde o temprano se enfrasca en borracheras prolongadas, por lo que llega un momento en que es necesario que se enfrente a su problema con mayor decisión.

En cualquier caso, estos tres tipos no abarcan todo el complejo cubierto con el término genérico de "alcoholismo". Meramente proporcionan una breve referencia a los estilos generales del modo de beber alcohólico, sin tratar de cubrir las muchas formas de conducta alcohólica.

Algunas definiciones del alcoholismo

1. "El alcoholismo es toda forma de ingestión del alcohol que exceda el consumo alimenticio tradicional y los hábitos sociales propios de la comunidad considerada, cualesquiera que sean los factores etiológicos responsables y el origen de éstos, como la herencia, la constitución física o las influencias fisiopatológicas y metabólicas adquiridas".

(OMS, 1951)

2. "Los alcohólicos son los bebedores excesivos, cuya dependencia del alcohol es suficiente para afectar su salud física y mental, así como sus relaciones con los demás y su comportamiento social y económico, o bien quellos que ya presentan los prodromos de tales manifestaciones".

(OMS, 195<

3. "Alcoholismo es la pérdida del control por la ingestión del alcohol; es también la presencia de un daño funcional o estructural que puede ser de carácter fisiológico, psicológico, doméstico, económico o social, o el uso del alcohol se ve como una especie de terapia universal, a través de la cual el individuo trata de evitar su desintegración".

(Dr. Hoff, Ebbe Curtis,
Medical College of Virginia, 1961)

4. "Definimos el alcoholismo como un desorden crónico de la conducta, que se manifiesta en una preocupación inadecuada acerca del alcohol, en detrimento de la salud física y mental, por la pérdida del control cuando se ha iniciado la ingestión de bebidas alcohólicas, y por una actitud autodestructiva en las situaciones vitales y en las relaciones interpersonales".

(Doctores Chafetz y Demone, 1972)

5. "El alcoholismo es esencialmente un problema del comportamiento que se manifiesta por la ingestión excesiva de bebidas alcohólicas, con la característica de ser irreductible o casi irreductible, por medio de los argumentos que generalmente influyen en la conducta humana: los problemas de salud, las nefastas consecuencias económicas, familiares, profesionales, etcétera".

(Deuchene, 1950)

6. "El alcoholismo es aquella condición del individuo que, de hecho, ha perdido la libertad de abstenerse del alcohol".

(Fouquet, 1951)

7. "El alcoholismo es una enfermedad crónica, un desorden de la conducta caracterizado por la ingestión repetida de bebidas alcohólicas, hasta el punto de que excede a lo socialmente aceptado, y que daña la salud del bebedor, sus relaciones interpersonales o su capacidad para el trabajo".

(Keller, 1958)

8. "El alcoholismo es una alergia física aunada a una obsesión mental".

(Dr. Silkworth, libro
"Alcohólicos Anónimos", 1939)

Capítulo II

¿Quién es un alcohólico?

Comportamientos típicos del alcohólico

Una vez que ya sabemos qué es el alcohol y cómo actúa en el cuerpo, vamos a ver cuál es la trayectoria del alcohólico desde que comienza a beber hasta que alcanza la fase crónica de su enfermedad, que puede acabar con la muerte. De esta forma, usted podrá ubicar perfectamente en qué escalón se halla su pareja y en el caso de que no tome las medidas necesarias, cómo va a seguir desarrollándose por una parte la enfermedad de su esposo y por otra su sufrimiento.

I. Fase inicial

1. Con frecuencia bebe en exceso, aunque no necesariamente hasta la embriaguez. (Esto continúa durante todas las etapas).
2. Siente un inusitado interés y satisfacción por las bebidas alcohólicas.
3. Aumenta el número de ocasiones en que bebe.
4. Bebe mayores cantidades en cada ocasión.

5. Toma algunas copas antes de una reunión.
6. Bebe copas a hurtadillas.
7. Bebe para sentirse a gusto con los demás, o en una fiesta, etcétera.
8. Tiene lagunas mentales. (No tiene una pérdida del conocimiento, sino pérdida temporal de la memoria. No puede recordar lo sucedido en una situación dada).
9. Bebe de golpe las primeras copas.
10. Tiene sentimientos de culpa por su forma de beber.
11. Evade toda conversación sobre el alcohol.
12. Reacciona defensivamente cuando se menciona el alcohol.
13. Aumenta la frecuencia de lagunas mentales cuando bebe (ésta es la señal inequívoca de un alcohólico incipiente).

NOTA: algunas personas que beben en exceso parecen mantenerse en la fase inicial, es decir sin avanzar, hasta que se convierten en alcohólicos crónicos. Otros se mantienen en esta fase durante muchos años, al cabo de los cuales se acentúa el alcoholismo.

II. Fase crucial del alcoholismo

14. Con frecuencia bebe excesivamente.
15. Aumentan las cantidades que consume.
16. Pierde el control después de algunas copas.
17. Su conducta es extravagante y ostentosa.
18. Hay reproches de familiares y amigos.
19. Causa infelicidad en su vida familiar.

20. Racionaliza su forma excesiva de beber (excusas, mentiras, autoengaños).
21. Conduce vehículos en estado de ebriedad.
22. Humilla a su cónyuge delante de otras personas.
23. Olvida la práctica religiosa.
24. Se siente más eficiente después de beber una o dos copas.
25. Bebe a solas.
26. Pierde el tiempo en el trabajo debido a su manera de beber.
27. Tiene dificultades económicas por su forma de beber.
28. Disminuye el campo de sus intereses.
29. Pierde la ambición.
30. Protege su abastecimiento y empieza a esconder las botellas.
31. Necesita una copa en la mañana para tolerar los efectos del consumo del día anterior.
32. Necesita beber mayores cantidades para lograr los mismos efectos.
33. Se afecta su reputación.
34. Toma cualquier tipo de bebidas alcohólicas.
35. Descuida el bienestar de la familia.
36. El deterioro moral es evidente.
37. Cambia estilos de beber: solamente vino, solamente cerveza o alguna otra bebida alcohólica.
38. Deja de beber por algún motivo significativo.
39. Intenta dejar de beber haciendo alguna promesa.
40. Comete actos antisociales (agresividad, discusiones en cantinas y otros por el estilo).
41. Cada vez se aleja más de su religión.
42. Se aleja de sus amigos.
43. Sus amigos se alejan de él.

44. Se rehusa a hablar sobre su forma de beber y se ofende ante la menor mención del asunto.
45. Se siente agraviado por su jefe sin que exista razón alguna.
46. Abandona el trabajo sin ninguna razón.
47. Practica las fugas geográficas.
48. Empieza a perder empleos.
49. Beber adquiere una importancia primordial.
50. Busca consejo médico o psiquiátrico.
51. Padece de insomnios continuos.
52. Se olvida de comer cuando bebe.
53. Se emborracha los fines de semana.
54. Es hospitalizado como consecuencia de su forma de beber.
55. Consume pastillas (barbitúricos, tranquilizantes y otros).
56. Siente una marcada autocompasión.
57. Asume una actitud de indiferencia.

III. Fase crónica del alcoholismo

58. Tiene poco o ningún control (con frecuencia se dice que es un borracho irremediable).
59. Se emborracha con menos cantidades de alcohol.
60. Sufre de remordimientos persistentes.
61. Bebe cualquier clase de alcohol (loción, extracto de vainilla u otros.)
62. Sufre de un deterioro moral progresivo.
63. Pierde la fe.
64. Sus borracheras son impredecibles.
65. Estremecimientos persistentes (que continúan después de la borrachera y de la cruda).
66. Disminuye la potencia sexual.

67. Tiene temores vagos e indefinidos.
68. Padece de resentimientos irrazonables.
69. Sufre de una psicosis alcohólica.
70. Padece de *Delirium tremens*.
71. Tiene calambres y convulsiones.
72. Sufre de alucinaciones.
73. Fallan las coartadas y racionalizaciones.
74. Hace intentos de suicidio.
75. Tiene internamientos involuntarios en varias instituciones.
76. Locura.
77. Muerte.

¿Cómo saber si se es alcohólico?

La lista de comportamientos típicos del alcohólico del capítulo anterior describe las fases por las que atraviesa un enfermo. Sin embargo, para saber si uno mismo está en algún escalón de esta problemática necesita una mayor precisión de deseos y sentimientos, preocupaciones, sensibilidad a las opiniones de otros sobre uno mismo y, en fin, las condiciones de nuestra vida emocional que forman los síntomas de esta enfermedad y describen los modos inadecuados de comportamiento que condiciona. Para ello, los cuestionarios se agrupan en secciones que investigan síntomas físicos, mentales, conductuales y espirituales descriptivos del alcoholismo.
Contestar con toda la honestidad posible, sin disimular ni exagerar, estos cuestionarios, puede ser un principio de diagnóstico.

¿Soy alcohólico? SÍ NO

Síntomas físicos

1. ¿Deseo con vehemencia beber todos
   los días a una hora determinada? __ __
2. ¿Cuando no estoy bebiendo me siento
   bajo tensión gran parte del tiempo? __ __
3. ¿Tengo dificultades para comer
   o dormir debido a mi consumo
   de alcohol? __ __
4. ¿Tengo estremecimientos, un
   nerviosismo exagerado o náuseas
   un día después de haber bebido? __ __
5. ¿A la mañana siguiente de haberme
   emborrachado necesito beber? __ __
6. ¿Me ha sido imposible ir a trabajar
   por haber bebido el día anterior? __ __
7. ¿Pierdo el tiempo que debería
   dedicar a mi trabajo por haber bebido? __ __
8. ¿He sido tratado por un médico
   por mi forma de beber? __ __
9. ¿He estado en algún hospital
   o clínica psiquiátrica debido
   a mi forma de beber? __ __
10. ¿He tenido convulsiones
    alcohólicas? ¿*Delirium tremens*? __ __

Síntomas mentales

1. ¿He tenido "lagunas mentales" (una
   absoluta falta de memoria) como
   consecuencia de haber bebido? __ __

2. ¿Bebo para tener confianza
    en mí mismo?   ___ ___

3. ¿Bebo para escapar de las
    preocupaciones o problemas?   ___ ___

4. ¿He llegado a sentir remordimientos
    después de haber bebido?   ___ ___

5. ¿Me siento a veces invadido
    por temores irrazonables?   ___ ___

6. ¿Tengo sentimientos de culpa
    o de inferioridad?   ___ ___

7. ¿Soy exageradamente sensible a las
    opiniones de las demás personas,
    especialmente en lo que se refiere
    a mi vida personal?   ___ ___

8. ¿Bebo porque soy tímido
    con las demás personas?   ___ ___

9. ¿A veces siento que hay gente
    observándome, siguiéndome
    o hablando de mí?   ___ ___

10. ¿Prefiero beber solo?   ___ ___

Síntomas conductuales

1. ¿Me he vuelto notoriamente
    quisquilloso, irritable y terco?   ___ ___

2. ¿Está haciendo infeliz a mi familia
    mi forma de beber?   ___ ___

3. ¿Descuido el bienestar de mi familia
    por mi forma de beber?   ___ ___

4. ¿Me inclino a evitar las
    responsabilidades?   ___ ___

5. ¿Desde que bebo han disminuido
   mis ambiciones?   __ __
6. ¿Desde que bebo ha disminuido
   mi inteligencia?   __ __
7. ¿Mi forma de beber está
   comprometiendo mi trabajo
   o negocio?   __ __

Capítulo III

La familia del alcohólico

Un alcohólico en el hogar

El bebedor inmoderado o alcohólico tiene en constante zozobra y frustración a sus familiares y allegados, ya que no saben nunca a qué hora ni en qué condiciones va a llegar a casa o cualquier otro lugar donde hayan acordado reunirse. Viven con el continuo temor de que algo trágico suceda. El bebedor les hace promesas, pero cuando las rompe los sume en la desesperanza. Desbarata todos los planes sociales o recreativos que se hagan y, lo que es peor, generalmente lo hace a última hora. Esta conducta impredecible hace que se aíslen cada vez más de su círculo social. La economía familiar se viene a pique, incluso en el caso de que el bebedor conserve el empleo, ya que derrocha sus ingresos en forma exagerada. A pesar de esto niega que sea alcohólico, y, cuanto más se agrava, con más violencia lo niega. Asume actitudes de abyecta dependencia y agresiva independencia. Exige la atención total de todos y rechaza cualquier mención de los problemas que provoca con su actitud.

Los familiares y allegados también acaban por negar y encubrir el problema. Éstos, en su desorientación y desesperanza empiezan a representar papeles diversos. El cónyuge es, según el caso, el héroe, el mártir, el juez, el jurado, el verdugo, el enemigo y el salvador. Los padres y los suegros del bebedor suelen ser el sostén de la familia, jueces de la pareja, cuidadores de la honra familiar y detentadores del poder. El amigo de confianza lo saca de líos, usa sus "palancas", le procura medicinas y lo aconseja, por lo que el bebedor comienza a tenerle desconfianza, ya que piensa que no está "de su lado".

Los hijos pierden siempre. Desde temprana edad aprenden el juego de la manipulación y se desvían, huyen y regresan. Juzgan y se condenan a sí mismos, viven en perpetua vergüenza por tener a un borracho en casa y, por consiguiente, dejan de participar en el acto social de invitar y ser invitados.

El jefe directo del bebedor se aguanta, lo encubre, lo aconseja, lo reprende, lo regaña, lo amenaza, lo tolera, pero no le ofrece una alternativa para solucionar el problema. Los amigos lo explotan, lo ridiculizan, lo siguen y le ayudan a inventar excusas.

El alcohólico tiene todo tipo de accidentes: caseros, automovilísticos y si es peatón, es el terror de los conductores. En estado agresivo, causa o recibe lesiones, ocasiona pleitos o injuria a quien sea. Como consecuencia, puede llegar a tener problemas con las autoridades y, lo que es peor aún, sufrir algún daño físico o quedar inválido de por vida.

Por ello es recomendable que los familiares del bebedor sepan que es un ENFERMO y que pueden ayudarle y ayudarse a ellos mismos antes de que sea demasiado tarde.

Es muy posible que los miembros de la familia traten de justificar y negar la existencia del problema. Incluso, es posible que el cónyuge decida empezar a beber, creyendo que de esta manera llegará a controlar la situación.

Los cambios en el comportamiento de toda la familia se hacen más frecuentes, aun en las temporadas que no beba.

Esto daña tanto al bebedor como a su familia y con el tiempo este perjuicio se vuelve constante.

En la fase intermedia del alcoholismo aumentan las presiones sociales, al igual que las presiones en el trabajo, ya que se ve afectada la capacidad de laborar. En este período empieza a culpar a los demás. Es la etapa en la que se le ve con falta de voluntad, que parece ser incapaz de mostrar cariño por su esposa y por el resto de la familia.

También se notará un cambio adverso en la capacidad de trabajo de los otros miembros de la familia. Los niños empezarán a tener tanto problemas académicos como de conducta en la escuela. Incluso es posible que alguno comience a hacer uso de tranquilizantes para sentir un alivio de las presiones, corriendo el grave peligro de hacerse adicto a estos medicamentos. Por otra parte, se empieza a descuidar el arreglo personal y la apariencia física.

Estando en este punto, puede ocurrir que el bebedor trate de dejar de beber por completo, lo intenta para demostrar que es capaz de hacerlo. Sin embargo, hay que recordar que dejar de beber por un tiempo no es suficiente, la cuestión es ver si la persona puede beber con el control adecuado, sin sufrir cambios negativos de conducta.

Visto desde este ángulo, lo más lógico sería que el bebedor dejara de tomar por completo, ya que es la única manera de no verse trastornado por la bebida.

También se ven afectadas otras cuestiones familiares como las relaciones sociales. La familia comienza a aislarse de los demás, los amigos parecen no querer relacionarse como solían hacerlo. El alcohólico empieza a buscar la compañía de otros bebedores al tiempo que sus familiares comienzan a sentirse más cómodos en compañía de gente que, como ellos, es infeliz.

Todos los afectados por la situación ven como condición normal tenerse lástima. Incluso cambian de domicilio o de ciudad, sin que se quede atrás el problema de beber y los trastornos que causa.

Los miembros de la familia comienzan a planear sus vidas para no tener que estar con el bebedor, ya que no confían en que se mantenga sobrio.

En la etapa final del alcoholismo, beber se vuelve constante. Muchos llegan al grado de necesitar físicamente el alcohol para evitar los ataques nerviosos y funcionar. Se agravan cada vez más los obstáculos que les impiden trabajar adecuadamente.

Al encontrarse sola, la familia intenta buscar ayuda, aunque en ocasiones ya sea demasiado tarde. Tal vez se llegue a considerar con seriedad la posibilidad del divorcio, como consecuencia del enojo, del fastidio o simplemente para poder sobrevivir.

Tanto en el bebedor como en los miembros de la familia se muestran más severos los diversos síntomas físicos que ya hemos mencionado. Puede llegar el caso de requerir la hospitalización del bebedor para sanar y hacer que las distintas funciones del organismo vuelvan a ser normales, para lo cual es necesario que el alcohólico se sujete a un programa de habilitación, una vez que haya eliminado todo el alcohol de su cuerpo.

Con el tiempo, si no se pone fin al problema contando con la ayuda apropiada, la persona morirá a consecuencia de su consumo exagerado de alcohol o de las complicaciones que éste causará en su organismo. Es necesario hacer notar que los profesionales, paraprofesionales, miembros de Alcohólicos Anónimos y de Al-Anón han observado a través de sus años de experiencia que hay una resistencia por parte de los familiares a aceptar que es necesario obligar al alcohólico a ir a tratamiento; porque dice que él puede hacerlo solo, cosa que difícilmente logra; porque asegura que puede dejar de beber cuando quiera, pero nunca quiere, o no se atreven porque es muy enojón. Éstos y otros pretextos más impiden que actúen adecuadamente, forzándolo a que tome un tratamiento. Si una persona sufriera un infarto, ¿la dejaría escoger entre llevarla a "urgencias" o dejarla en casa? El alcohólico es un enfermo y hay que hacerle saber que su negación es parte de su enfermedad.

Mitos

Por otra parte se han ido creando una serie de mitos que lo único que consiguen es mantener a los familiares y amigos fuera de la realidad, es decir engañados, lo que ayuda a prolongar su sufrimiento.

Mucha gente cree que alcohólico es el que se queda tirado en la calle, sin dinero, sucio y desamparado. Quienes a ven a una persona en estas condiciones olvidan que antes de llegar a ese estado fueron "bebedores sociales" que se enfermaron paulatinamente, enfermando al tiempo a quienes les rodeaban. Algunos de los mitos más frecuentes son:

- "Sólo bebo en las fiestas, los días de pago o los fines de semana". Esto es una forma de inferencia del "yo no bebo diariamente", sin llegar a medir las verdaderas consecuencias de la ingestión esporádica del alcohol.

Si un individuo al beber, aunque sea una vez al año, causa problemas, como por ejemplo, choques o pleitos, se puede decir que es alcohólico. Por lo general, en estos casos, la familia no se da cuenta de que su pariente está enfermo, ya que la mayoría del tiempo se comporta correctamente.

Por otra parte, se suele olvidar el problema y pasado el tiempo, ya nadie se acuerda de lo ocurrido. En muchos casos se vuelve a invitar a beber al afectado, con la esperanza de que quizás ahora ya habrá aprendido con la experiencia pasada. Esto, trágica y desgraciadamente, es falso.

- Otro caso clásico es cuando se dice que sólo bebe cerveza ("la bebida de moderación") o vinos de mesa. Pero una copa de vino, 350 ml de cerveza y una copa, es decir 14 ml de cualquier brandy, ron, coñac, tequila y demás destilados, tienen la misma cantidad de alcohol etílico. Entonces, ¿por qué cree la familia que la cerveza y el vino son inofensivos? Una de las razones estriba en que la publicidad existente hoy en día nos presenta a jóvenes departiendo, cantando, riendo e invitando a otros jóvenes o a los adultos a que sean como ellos consumiendo cerveza. ¿No es éste un método que utiliza la sociedad para aprender a beber y a convivir?

El desconocimiento entonces no está en si se bebe o no, sino en que la inducción a la bebida va a perjudicar a quienes usan el vino o la cerveza para sentirse bien, y una vez que pase el tiempo suficiente, ya sólo faltará el factor X para que su forma de beber deje de ser normal.

Una o dos copas chicas solas o con refresco, algunas cervezas y una o dos copas de vino normalmente no afectan a nadie, ya que sólo producirán un nivel de alcohol en la sangre del 0.03%, que como ya sabemos no es suficientemente alto como para eliminar el buen juicio. Por eso insistimos en que es la cantidad de alcohol y no el tipo, marca o calidad la que afecta al individuo.

¿Qué pasa si una persona toma una copa chica, que contenga pequeñas cantidades de diferentes bebidas alcohólicas? Nada, la cantidad de alcohol será aproximadamente la misma que la que contenga una copa de una sola bebida. (En resumen, si se bebe mucho vino o mucha cerveza, se bebe mucho alcohol).

Ahora ya se sabe que no es cierto que alguien se puede emborrachar por ingerir una revoltura de bebidas.

- Muchas personas justifican la forma de beber de su familiar diciendo que tiene muchos problemas. Esto es falso. De hecho, beber aumenta los problemas cambiando el esquema: no beben por tener problemas, sino que tienen problemas porque beben. Esto lo podemos demostrar con el siguiente ejemplo:

Hace poco hubo dos sismos en México y los alcohólicos habilitados, amigos nuestros, no volvieron a beber a pesar de las desgracias que sufrieron: muerte de familiares, pérdida de lugar de trabajo, de bienes materiales y así por el estilo. Por el contrario, estos hombres y mujeres ayudaron en el rescate, al igual que el resto de la población. En cambio otros, que todavía no encuentran el camino que los desvíe de la destrucción que ocasiona el consumo del alcohol, se emborracharon (cosa que hubieran hecho con o sin temblores). Estas personas, a pesar de la restricción impuesta por las autoridades respecto a la venta de bebidas alcohólicas, se las ingeniaron para conseguirlas y así lograron adormecer sus problemas, pero sólo momentáneamente.

¿Y qué hicieron los familiares? La mayoría justificaron este hecho alegando que lo hacían porque estaban muy asustados.

La descripción de estos mitos nos ayudará a comprender por qué las personas se van acostumbrando paulatinamente a que su familiar beba cada vez mayores cantidades, acortando los períodos de abstinencia y además porque hay un cambio en la calidad de las bebidas que ingiere.

Evolución y recuperación de la familia

Un folleto de los grupos *Al-Anón* (familiares de alcohólicos) titulado "Qué hacer con respecto al alcohólico", creado por la fundación sobre el alcoholismo de Ontario, Canadá, nos dice lo siguiente sobre la actuación del familiar que tiene este problema:

46

"Hasta el momento no ha podido, no ha querido, ver el daño que está haciendo. No se le ha ocurrido nunca que el alcohólico simplemente no continuaría bebiendo como lo hace si su esposa:

- Le permitiera hacer por sí mismo todo lo que le corresponde;
- Lo dejara asumir por completo la responsabilidad de sus acciones;
- Le ayudara a conservar el respeto de sí mismo, en vez de contribuir a destruirlo;
- Lo obligara a hacer algo con respecto a su forma de beber".

La esposa, con sus propias acciones, puede contribuir a prolongar los años de beber y la angustia que esto conlleva.

Ella no es culpable; no sabe que su conducta es consecuencia de la desesperación.

Está incapacitada, tanto espiritual como emocionalmente, para reconocer la naturaleza de su propia angustia. Se resiste a recibir ayuda pues, dicho en sus palabras, "es su problema, no el mío. Cuando él cambie, yo estaré bien". Aunque reconozca que tiene ciertas actitudes negativas, las justifica para obtener una aparente tranquilidad.

"Si hubieras tenido que pasar lo que yo he pasado estos últimos años, también te sentirías enojado y molesto", dirá. Siente un gran resentimiento y una fuerte autocompasión, pero no reconoce estas emociones.

La esposa del alcohólico se va enfermando a medida que lo hace su pareja. Cuando él baja un peldaño en su escala de valores, ella hace lo mismo en la suya.

A continuación presentamos una gráfica en la que se enumeran las etapas que va pasando la esposa del bebedor. Si usted localiza un síntoma quiere decir que se encuentra en ese peldaño, aunque no haya recorrido los anteriores. Esto es muy importante: no es necesario que pase por todas las etapas para poder determinar el grado de alteración o trastorno y por lo tanto el tipo de ayuda que necesite.

Vamos a suponer que conoció a su pareja y durante el noviazgo notó que bebía de la misma manera que sus amigos. Por eso jamás pensó que llegaran a tener problemas, pero...

1. Tristeza

Pasado el tiempo de haber formado su hogar lleno de felicidad, usted se percata de que en esta nueva etapa de su vida las circunstancias no son iguales a las etapas anteriores: noviazgo y luna de miel. Es posible que durante esta última él bebiera demasiado, hasta el grado de hacer el ridículo o de haber tenido un pleito. Seguramente él se apenó mucho y le pidió disculpas. Usted lo perdonó porque consideró que no tenía importancia, que no era más que el ajuste a la nueva vida y todo regresó a la normalidad.

2. Intolerancia

Con frecuencia, cuando regresa de una fiesta o de una parranda con sus amigos, se quiere hacer el chistoso. Es posible que quiera tener relaciones sexuales y usted no se atreva a rechazarlo. Sólo en caso de que también usted beba podrá: tolerar el mal aliento producido por

La evolución y recuperación de la familia en el caso de la enfermedad del alcoholismo

Normal

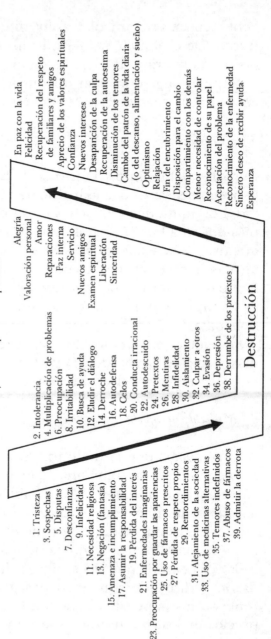

Futuro esclarecido y brillante a niveles más altos de los que haya creído que fueran posibles

En paz con la vida
Felicidad
Recuperación del respeto de familiares y amigos
Aprecio de los valores espirituales
Confianza
Nuevos intereses
Desaparición de la culpa
Recuperación de la autoestima
Disminución de los temores
Cambio del patrón de la vida diaria (o del descanso, alimentación y sueño)
Optimismo
Relajación
Fin del encubrimiento
Disposición para el cambio
Compartimiento con los demás
Menor necesidad de controlar
Reconocimiento de su papel
Aceptación del problema
Reconocimiento de la enfermedad
Sincero deseo de recibir ayuda
Esperanza

Alegría
Valoración personal
Amor
Reparaciones
Paz interna
Servicio
Nuevos amigos
Examen espiritual
Liberación
Sinceridad

2. Intolerancia
4. Multiplicación de problemas
6. Preocupación
8. Irritabilidad
10. Busca de ayuda
12. Eludir el diálogo
14. Derroche
16. Autodefensa
18. Celos
20. Conducta irracional
22. Autodescuido
24. Pretextos
26. Mentiras
28. Infidelidad
30. Aislamiento
32. Culpar a otros
34. Evasión
36. Depresión
38. Derrumbe de los pretextos

Destrucción

1. Tristeza
3. Sospechas
5. Disputas
7. Desconfianza
9. Infelicidad
11. Necesidad religiosa
13. Negación (fantasía)
15. Amenaza e incumplimiento
17. Asumir la responsabilidad
19. Pérdida del interés
21. Enfermedades imaginarias
23. Preocupación por guardar las apariencias
25. Uso de fármacos prescritos
27. Pérdida de respeto propio
29. Remordimientos
31. Alejamiento de la sociedad
33. Uso de medicinas alternativas
35. Temores indefinidos
37. Abuso de fármacos
39. Admitir la derrota

49

beber en exceso, un olor muy diferente al del vino fresco. De cualquier manera, lo más probable es que poco a poco trate de alejarse de él, pretextando estar enferma o fingiendo estar dormida, ya que la frecuencia de estas situaciones le resulta intolerable.

3. Sospechas

El correr del tiempo y la forma de beber de su pareja le hacen pensar que la culpable de esta situación es usted. Los continuos reproches de su pareja, que no son más que una forma de defensa, quizá la convenzan de que usted está exagerando y de que el problema no está más que en su mente; que sus amistades también han pasado por lo mismo y que debe tener calma, que es natural que los hombres sean parranderos, que ya se le pasará.

Sin embargo, en el fondo y sin atreverse a investigar más, usted sospecha que él padece alguna deficiencia que lo compele a beber sin control.

4. Multiplicación de problemas

Ahora ya sabe que él tiene un grave problema y que, al beber, en vez de solucionarlo lo aumenta. No sólo la culpa a usted, sino que culpa también a los hijos (si ya los tiene) porque no le alcanza el dinero, ya que su educación es muy cara, o porque el automóvil requiere de muchos gastos; se queja de que el gobierno está cada vez peor, de que sus amigos influyentes ya lo olvidaron y dice que son unos desagradecidos; que las rentas o los impuestos han subido enormemente, los precios de los restaurantes son muy altos y la ropa de menor calidad. Así pues, por su forma de quejarse, parecería que todos los problemas de la vida caen solamente sobre él.

A usted le descontrola mucho que en ocasiones, lo que él racionaliza (no razona)* es verdad. Y le sigue el juego cuando, con timidez, le pide dinero para comprarle ropa a sus hijos o algún artículo que es necesario en el hogar y él se lo niega, apoyándose en su racionalización*.

5. Disputas

Como consecuencia del estado de frustración, con frecuencia aparece esta reacción. Usted nota que su pareja va a beber en forma descontrolada, sobre todo en las fiestas. Esto le molesta más que nada por las críticas que despierta. Posiblemente él le pida que no lo regañe, dirá que usted no es nadie para llamarle la atención, que él sabe manejar la situación. Usted se sentirá culpable, apenada y triste. Pensará: "Tal vez soy yo quien lo hace beber. A lo mejor no soy la pareja que le conviene", o "creo que no sé cómo tratarlo". Muchas veces sentirá tristeza y celos si le llega a decir que "su madre lo trataba mejor".

Tal vez, para evitar estos pleitos decida acercarse a un consejero espiritual en busca de consuelo. De ser así, pregúntele si sabe algo sobre la enfermedad del alcoholismo. Si le dice que es pecado o debilidad moral, no estará capacitado para ayudarle; será mejor que busque otro camino.

---

* Racionalización, desde el punto de vista psicológico: Razón no válida.

6. *Preocupación*

Si su consejero espiritual no le brindó la ayuda requerida, si no fue encauzada adecuadamente en la etapa anterior, aumentará su preocupación. Llegará a pensar incluso que se está volviendo loca.

Intentará escapar, en muchos casos este escape consiste en beber también, pero es evidente que ésta no es la solución. Si la ingestión es reiterada y está presente el factor X la esposa puede convertirse también en una alcohólica. Con el tiempo la forma de beber de su pareja va siendo más frecuente, abundante y fuera de control. El modo de comportamiento de su esposo se hace más notorio: a menudo llega tarde a casa en estado de ebriedad, comienzan los pleitos y miradas furtivas de los parientes, vecinos y amigos. Todo esto le producirá cada vez más vergüenza. Sentirá el deseo de huir junto con sus hijos y, al mismo tiempo, la invadirá un sentimiento de culpa por "abandonar el barco antes de que se hunda"; se seguirá aferrando, sin saber cómo, a un hilo de esperanza que la conducirá a la siguiente etapa.

7. *Desconfianza*

Ya han pasado algunos años. Quizá ya tengan varios hijos. Muy posiblemente su pareja haya aumentado su forma de beber. Usted nota que festeja cada semana yéndose con sus amigos ("enemigos" para usted) y regresa con algunas copas de más. Él se vuelve hostil, lo que hace que usted se ponga a la defensiva.

Ahora siempre que hay algo que festejar, y usted sabe que puede haber un pleito; probablemente le pida que por favor ya no beba, lo cual hace que él le conteste con dureza. Todo es consecuencia de la desconfianza que usted le tiene, ya que sospecha que la forma de beber de su pareja no es tan "normal" como usted creía.

Las tensiones empiezan a alterar su organismo y su estado anímico se vuelve "nervioso".

Al efecto que produce saber que su pareja va a ir a un lugar donde usualmente se bebe, o ver que se sirva una copa, o que la llama para decirle que va a llegar tarde, se le denomina "montarse en la máquina del tiempo" porque, inconscientemente, vuelven a su memoria hechos o sucesos ocurridos cuando su pareja ha bebido.

8. *Irritabilidad*

La frustración de su propia vida ha ido alterando cada vez más su estado de ánimo, su nerviosismo hace que usted se irrite por todo y por nada. Si sus hijos le piden algo, reacciona con enojo.

Tal vez llegue a golpearlos sin motivo, incluso al grado de necesitar hospitalización (a esto se le llama "Síndrome del niño golpeado"). Su desesperación y la impotencia para lograr que su pareja deje de beber, consiguiendo que sea un hombre responsable, serio y sobrio, se traducen en una irritabilidad que usted manifestará dando golpes y gritos desesperados, especialmente a los seres más queridos.

Por eso, en Al-Anón (grupo de ayuda para familiares y amigos de los alcohólicos), el primer paso de su programa de ayuda dice:

"Admitimos que éramos impotentes ante el alcohol (que bebe el familiar o amigo), y que nuestras vidas se habían vuelto ingobernables".

9. Infelicidad

Los años siguen pasando, es posible que transcurran seis o diez años, y la situación en vez de mejorar empeora.

La creencia de que los hijos lo convertirán en un hombre serio y formal ha sido sólo una ilusión.

Usted sigue culpando a sus amigos, a las malas compañías, al horario de trabajo y a que, como dice él, los sueldos no alcanzan porque le pagan muy poco (desde luego, no toma en cuenta lo que él gasta en bebidas alcohólicas y en parrandas).

Ya se dio cuenta de que no es el mismo de antes y piensa que es una incomprendida, que lleva una vida muy diferente a la que soñó y planeó con él; sus familiares tratan de aconsejarla, diciéndole que lo deje y regrese con ellos; pero usted no pierde la esperanza de volver a ser feliz al lado de su esposo.

La inseguridad, la frustración, los sentimientos opuestos de amor y odio, así como la falta de respeto la han llevado gradualmente a la infelicidad. Porque aunque tenga seguridad económica, le falta el cuidado y el amor que esperaba.

Esta situación sólo podrá subsanarla tomando decisiones adecuadas, lo que sólo podrá hacer si ha recuperado su estabilidad emocional. No intente tomar decisiones si está fuera de control.

10. Busca de ayuda

Lo más lógico es que en su desesperación busque ayuda. Dependiendo de la persona a la que acuda, recibirá distintos consejos: su madre le dirá que lo abandone; el consejero espiritual, que el divorcio es pecado; el psiquiatra que lo interne; el psicólogo, que lo mime; el alcohólico anónimo, que estar a su disposición cuando necesite ayuda. El Al-Anón le dirá que aprenda a vivir aunque su pareja siga bebiendo; el médico, que le dé un alergénico con o sin el consentimiento de su pareja (nunca lo haga; puede causarle un grave problema de salud); un amigo, que se busque un amante; un brujo, que le haga una limpia.

Pero la ayuda que usted necesita debe ser profesional y especializada.

Muchas veces se dan consejos sin tener conocimiento real de lo que es el alcoholismo, ni de la situación en la que se encuentra la pareja, tanto emocional como económicamente. Así, ¿podrá una madre correr a su hijo de su casa?, ¿una persona puede dejar a la otra si depende económicamente de ella y no tiene medios para sostenerse a sí misma y a sus hijos?

Recuerde que el tipo de ayuda que usted necesite dependerá del amor que le tenga a su pareja.

11. *Necesidad religiosa*

Quizá ya no tiene esperanza de que su pareja cambie. Y ha orado pidiéndole a Dios que deje de beber o que le ayude dándole un trabajo mejor o sacándose la lotería, que le dé la calma y serenidad o que se lo lleve para que usted y sus hijos no sigan sufriendo más.

Para afianzar la fe que adquirió en la niñez y que ha venido perdiendo, recurre generalmente a su guía espiritual; pero si éste no le da apoyo o no la aconseja de la manera adecuada, sino que sólo le dice todo lo que otros le han dicho ya, y que no le ha valido de mucho, perderá por completo la fe en una ayuda espiritual.

En este punto es completamente necesario que se plantee que, para solucionar su problema, debe empezar una nueva vida con su pareja.

12. *Eludir el diálogo*

Con la esperanza de que al no hacer comentarios relacionados con el alcohol su pareja se componga, usted evitará hablar del tema con sus familiares e hijos. Usted cree que con esta actitud algo tiene que cambiar en su pareja. Pero esto no le ayudará en nada, ya que la única manera que existe para lograr que él acepte el tratamiento es hablando directa y firmemente con él.

En una ocasión, una demanda de divorcio se solucionó cuando él supo que lo que le molestaba a su cónyuge era que bebiera ocasionalmente, porque no le gustaba el olor del alcohol. Al conocer el verdadero motivo dejó de beber, porque no tenía la necesidad de hacerlo.

¿Qué tanto ha hablado con su pareja acerca de lo que ocurre y la magnitud del daño que produce por su forma de beber?

No existe mejor camino para resolver un problema que el diálogo abierto. No suplique. Exija un trato decente y humano para usted y sus hijos.

13. *Negación (fantasía)*

Esta etapa suele aparecer cuando ocurre una crisis que, por regla general, no es aprovechada. Quizás su pareja enferme, tenga un accidente o simplemente una cruda moral tan fuerte que le promete, y aparentemente lo cumple, no volver a beber. Durante el tiempo que no prueba el alcohol, usted negará que su pareja haya tenido problemas por beber y comenzará a tener fantasías, con la idea de que por fin han terminado sus problemas. Sin embargo, no deja de tener en su mente el temor de que vuelva a beber. Esto se manifiesta con el solo hecho de que, cuando llega su pareja, se acerca a él para olerlo, o se inquieta cuando llega tarde, pensando que puede llegar borracho.

Es muy importante que busque ayuda. No se coma los problemas. Si él deja de beber y vuelve a hacerlo a pesar del daño que causó, es alcohólico. Y si no actúa, seguirá en descenso emocional.

14. Derroche

Hay que vengarse. Es evidente que nada le ha dado resultado. ¿Por qué no seguir otra táctica? ¡Gastar! Hay que derrochar lo que tiene y conseguir crédito. ¿Qué importa si su pareja puede pagar o no? Si él gasta en licor, puede gastar en lo que sea. ¿Qué importa que el automóvil esté nuevo? Hay que comprar otro y también la lavadora, el refrigerador, el reloj y los vestidos. Es necesario cambiar todo. Si el dinero no ha sido su problema, con mayor razón hay que tirarlo y en caso de serlo, tampoco importa.

Si él tuvo que salir con motivos de trabajo y no la llevó, tiene que pagar por ello, para que vea lo que se siente cuando no la lleva de paseo.

Pero ¿no sería mejor ahorrar para el futuro? ¿Ha pensado cuánto costará un buen tratamiento para el alcoholismo, si no acepta ir a Alcohólicos Anónimos que es una terapia gratuita? Además, ¿no es importante que piense en sus hijos y en su propio futuro?

15. Amenaza e incumplimiento

¿Cuántas veces le ha dicho a su pareja que si no deja de beber lo abandonará?

¿Cuántas veces, antes de ir a una fiesta, le ha dicho que no vaya a beber mucho y que si lo hace usted se irá sola a su casa?

¿Cuántas veces ha dicho que es la última vez que lo aguanta?

Éstas y otras amenazas más que no cumple sólo ayudarán al alcohólico a que siga comportándose como un niño caprichoso. ¿Recuerda el cuento de los Tres Cochinitos? Cuando apareció realmente el lobo no tuvieron a quien pedir ayuda. No amenace y si lo hace, cerciórese de que cumplirá lo dicho. Recuerde que a veces se dicen cosas de las que después se puede arrepentir. Piense antes de hablar.

16. Autodefensa

Si a pesar de todas estas medidas su cónyuge no deja de beber, usted necesita justificarse ante sus familiares y amigos por no abandonarlo. Para esto dice que su pareja ha tenido muy mala suerte en los negocios; que no le han pagado a tiempo en el trabajo; que debido al terremoto nadie quiere hacer negocios; que tan pronto pase la crisis todo se arreglará; que le ha prometido que pronto se irán a otra población, donde no tendrá amigos que lo presionen para beber. Usted quiere creer todo lo que le dice, porque está atrapada en un laberinto del que no sabe cómo salir. "Más vale malo por conocido que bueno por conocer". "Además, cuando no bebe, es tan bueno y cariñoso, que creo que haría mal en dejarlo. Hay que darle una nueva oportunidad".

Y usted, ¿se está dando la oportunidad de crecer? ¿Está preparándose para el futuro? Dios dijo: "Ayúdate, que yo te ayudaré".

17. *Asumir la responsabilidad*

Quizá su pareja perdió el empleo o está a punto de perderlo, o simplemente gasta todo el dinero en borracheras, por lo que usted puede haber optado por seguir uno de dos caminos: dedicarse a sus hijos y su casa, pidiendo dinero prestado a sus familiares para ayudarse con el gasto, o trabajar para sostener su hogar, en espera de que llegue el milagro que haga cambiar a su pareja.

Al asumir la responsabilidad, sin darse cuenta está humillando a su cónyuge, con lo que le da más armas para que siga bebiendo. Al tiempo que dificulta la eficacia del tratamiento adecuado.

La única salida es que su pareja se haga responsable de sus actos, de su comportamiento y sobre todo de su propio alcoholismo.

18. *Celos*

Los días en que su pareja no llega a casa, porque tuvo que salir con algunos de los jefes o clientes, lo más seguro es que usted no pueda conciliar el sueño, esperando a que llegue. Pasará la noche llena de angustia, pensando en qué condiciones va a llegar: ¿llegará sin copas?, ¿en buen estado?, ¿accidentado? ¿Y si trae manchas de lápiz labial? ¿Y si huele a perfume con un aroma diferente al que yo uso? ¡LO MATO!... Por fin llega la madrugada, usted está desesperada, angustiada, llorando, pensando en toda clase de tragedias y él llega, ¿qué pasa? Siente un gran alivio al verlo llegar ileso aunque mareado, tal vez oliendo a perfume barato, o con el cuello manchado de lápiz labial, ¡pero vivo! En ese momento experimenta sentimientos opuestos. Es su pareja, y a pesar de estar llena de celos, en su interior queda un sentimiento difícil de entender: la culpa.

"¿Qué le ha faltado, en qué he fallado?" Los celos se convierten en rabia, quiere golpearlo; pero antes de que usted abra la boca, su pareja le hace toda clase de reclamaciones, puede haber insultos e incluso despertar a los hijos; decirle que no la quiere, que lo deje en paz y como si nada hubiera sucedido, se echa a dormir en el sofá o quizás en su cama. Usted sigue sin dormir, ya es hora de desayunar, pero su pareja sigue roncando. "No voy a despertarlo; ¡que pierda el trabajo!", se dice a sí misma. Y, casi simultáneamente, piensa, "¿y si pierde el trabajo qué vamos a hacer? Es mejor que lo despierte". Si no despierta, hay que llamar por teléfono a su superior o socio y justificarlo. "Diré que está enfermo". Si se decide a despertarlo, lo normal es que no recuerde dónde está, cómo llegó, qué dijo, ni qué hora y día es. Pero usted no lo cree, ¿cómo puede creerlo? Lo único que sabe es que ahora "es la suya", ya que él está lleno de arrepentimiento, desconcertado, tímido, asustado y empieza la hora de su venganza: lo llena de reclamaciones, insultos y vejaciones.

Si en vez de usar está táctica que no le dará resultado, utilizara la calma, podría obtener lo que usted ha querido tener desde hace muchos años: que deje de beber, o al menos que se comporte de mejor manera cuando bebe. Pero por desgracia (como en la mayoría de los casos) si su cónyuge ya es un alcohólico y se encuentra en la fase crítica o en la crónica, esto último será imposible.

19. *Pérdida del interés*

Estamos a medio camino y la frustración por no haber logrado la estabilización de su hogar puede causar una pérdida de interés. Muchas veces, ésta puede disfrazarse con un exceso de cuidado por las cosas del hogar: la limpieza excesiva de los muebles, del piso o los ceniceros. Esta limpieza excesiva hace que se proyecte la atención en todo, menos en el verdadero problema.

Otras veces descuida el arreglo personal: engorda, permite que sus hijos anden sucios o no le importa si estudian o no. Todos sus pensamientos parecen haber quedado en blanco y sólo la obsesión o la esperanza de que algo milagroso ocurra la mantiene viva.

En muchos casos empieza a descuidar todo lo relativo a la alimentación, quizás con la idea de que todo se arreglará si usted muere. ¿Pero cree sinceramente que esto solucionaría el problema? ¿Piensa que al faltar usted sus hijos van a estudiar más? ¿Que su pareja tendrá tantos remordimientos que dejará de beber? ¿No es más probable que suceda lo contrario?

20. *Conducta irracional*

Sin darse cuenta, usted deja de prestar atención a lo que está haciendo; quizá se le queme la comida o no mida bien la labor que está tejiendo, etcétera.

Posiblemente empiece a tener dificultades para concentrarse, pensar y tomar decisiones. En ocasiones se le olvida que tiene algún compromiso, o sale y regresa sin saber a dónde fue.

Sus familiares no logran comprender su comportamiento y es posible que crean que usted está perdiendo el juicio o que ya padece de arteriosclerosis.

Pero esto suele ser una consecuencia de la confusión emocional. Si le preocupa la situación, es conveniente que acuda al médico general, para que le haga las pruebas necesarias. Si no tiene ningún padecimiento físico, evite que su médico la frustre; explíquele la situación en que se encuentra, es decir, el alcoholismo de su pareja y evite que le recete calmantes; en vez de solucionar su problema la harán adicta a ellos.

21. Enfermedades imaginarias

Es frecuente que su "estado de nervios" la lleve a pensar que tiene algún tipo de enfermedad. Aunque es más imaginaria que real, le sugerimos que se haga un examen médico general.

Si usted consulta al médico sólo en las ocasiones en que se siente indispuesta o cree padecer alguna enfermedad, lo normal es que el médico no encuentre ningún padecimiento y que le recete un tranquilizante o un estimulante, si la ve muy deprimida.

El alcohólico mantiene a la familia en una especie de "montaña rusa" donde las altas y las bajas tienden a agudizarse cada vez más en los estados de ánimo.

Es importante recalcar que al igual que su pareja, usted necesita también un tratamiento para remediar el problema y estabilizar su estado de ánimo. Por eso, si consulta a un médico será necesario que le haga saber que su pareja es alcohólico.

22. *Autodescuido*

¿Cuánto tiempo hace que notó por primera vez que su pareja bebía demasiado?

¿Ha engordado usted y pone como pretexto que con los hijos no se puede guardar la línea? ¿Piensa que no tiene objeto cuidar su apariencia? ¿Ya para qué servirá a arreglarse las uñas, el pelo y la cara, si a fin de cuentas su pareja ni se fija?

Pero ¿sabía usted que por regla general la mayoría de las mujeres no se arregla sólo para su pareja sino para impresionar al resto de las mujeres y posiblemente a otros hombres?

Si usted está en este punto de descuido de su apariencia física, busque un cambio; arréglese, no se deje impresionar por los ataques de celos de su esposo. Es muy posible que al notar él este cambio, puedan planear juntos una nueva vida.

23. *Preocupación por guardar las apariencias*

Posiblemente las cosas han llegado ya demasiado lejos y usted no puede abandonar a su pareja. Los años de sacrificio y los hijos, que ya no son unos niños, exigen todavía más de usted.

Inconscientemente sabe que se casarán, se irán a estudiar fuera o empezarán a trabajar, con lo que podría perderlos para siempre. Esto aumenta su dolor, el dolor de quedarse sola con una pareja que tal vez nunca dejará de beber.

¿Qué pensarán los novios o las novias de sus hijos si ven a su esposo en mal estado? ¿Cómo podrá decirles a ellos que son sus futuros parientes, que el que va a ser su suegro bebe en exceso? ¿Cómo encubrir que no tiene para renta, la comida o los estudios de sus hijos? ¿No convendría irse a otra parte? ¿Cómo decirles a sus familiares y amigos que ya no puede con la situación?

Usted ha ido cayendo poco a poco en la trampa del encubrimiento, pero no es posible seguir ignorando lo que es evidente. Sólo hay un camino: la verdad. No siga encubriendo. No siga cuidando las apariencias. Es necesaria la estructura de una Intervención Dirigida para que su pareja, por medio de la coacción, tome conciencia de su situación y se dé cuenta del daño que hace y pueda reestructurar su vida.

24. Pretextos

¿Por qué no ha intervenido para que su pareja se someta a un tratamiento adecuado y evitar así que se destruya bebiendo? ¿Por qué persiste en la idea de que "Dios lo eligió" para ser "su cruz"? ¿No será que en el fondo le gusta el papel de mártir y víctima? ¿Por qué no acepta la crítica constructiva? ¿Por qué no controla su temperamento? ¿Por qué no acepta la responsabilidad de sus propios actos sin tratar de excusarse?

En la mayoría de los casos, el coalcohólico se escuda en el alcohólico. Los pretextos forman la estructura perfecta de este escudo que temporalmente le protege del daño que se está causando por no decidirse a tomar las medidas necesarias para que su pareja se sitúe en la realidad, en esa realidad que tampoco usted quiere aceptar.

En infinidad de casos se demuestra que el coalcohólico usa estos pretextos para evitar que su pareja reciba ayuda, ya que prefiere ser víctima y mártir. Estos papeles la enaltecen ante sus familiares y amigos; muchas veces hasta le ayudan económicamente, al grado que procura la confrontación o el divorcio, con el fin de seguir siendo protegida por ellos.

Por eso es muy importante que se plantee si realmente está segura de que desea que su pareja deje de beber.

25. Uso de fármacos prescritos

Cuando no se sabe lo que es el alcoholismo y el alcohólico no es consciente de los daños que está causando, es muy común que se recurra al consumo de calmantes o tranquilizantes para los nervios. Esto es muy peligroso, aunque se lo recete un médico o un psiquiatra o se lo diera un agente de medicinas, ya que es muy fácil caer en una adicción de la que difícilmente se sale.

Sabemos que usted está sufriendo por no saber qué hacer, cómo actuar o cómo conducirse. Y aunque sea del tipo de mujer que condena o reprueba al alcohólico sin conocer la realidad del alcoholismo, sólo sabe que quiere quitarse el dolor de vivir en la angustia y la desesperación. Le recomendamos conocer más el problema. Quizá pueda comprender mejor y por lo tanto, saber lo que tiene que hacer para solucionar la situación en la que se encuentra.

26. Mentiras

Para mantener la imagen de una familia feliz tiene que recurrir a una serie de mentiras:

Llamar al trabajo y decir que su esposo está enfermo para evitar que lo despidan.

Decirle al casero que su esposo está de viaje.

Decirle a sus hijos que informen al director de la escuela que no le han pagado a su papá.

Comentar con sus amistades lo feliz que es con su esposo; lo magníficas que son sus relaciones sexuales (que no han existido desde hace un año).

Platicar sobre el negocio tan fantástico que su pareja está a punto de realizar.

Hablar sobre la importancia que tiene el hecho de que su esposo beba con los clientes y lo que esto beneficia a la empresa.

Relatar lo bueno y respetuoso que es con usted y con sus hijos (omitiendo los gritos que se escuchan en toda la calle).

Platicar lo responsable que es su pareja con usted y en su trabajo (donde están a punto de despedirlo).

Hablar sobre lo maravilloso que es el matrimonio y lo felices que han sido desde hace veinte años (omitiendo los diecinueve de orar porque deje de beber y se porte bien).

Podríamos seguir con muchos ejemplos, pero usted debe de haber recopilado muchos más que le ayudarán a darse cuenta de que este ocultamiento sólo ha servido para prolongar la situación en la que se encuentra.

¿Cuántas veces ha ocultado a sus hijos el estado en el que ha llegado su padre? ¿Cuántas veces les ha dicho que está enfermo, cuando sabe que no es cierto? ¿No cree que ya es hora de que empiece a encarar la verdad con él y con su familia?

27. *Pérdida de respeto propio*

¿Ha permitido que su pareja la insulte cuando está en estado de ebriedad, que golpee a sus hijos? ¿Que rompa cosas? ¿Que hable mal de su familia? ¿Ha aprovechado las ocasiones en que él no está en casa para salir y ha dejado solos a sus hijos? ¿Ha permitido que le hagan proposiciones amorosas cuando su pareja no está en buenas condiciones? ¿Se ha prestado a venderse a cambio de que no despidan a su cónyuge, lo asciendan de puesto o le den trabajo?

¿Cree que vale la pena lo que usted ha hecho en detrimento de su propio respeto? ¿Cree que con ello ha ayudado a su pareja para que deje de beber? ¿Ha llegado a pensar que lo mejor sería enfrentar directamente el problema para encontrar una solución?

28. Infidelidad

El abuso excesivo del alcohol ocasiona por regla general un estado de impotencia temporal. Por eso es muy posible que su pareja la haya abandonado.

Por otra parte, usted se ha alejado de él porque le desagrada cuando llega con copas. Esta reacción hace que su pareja no sienta deseo, para evitar el rechazo. Es como si pusiera una barrera psicológica. Es posible que aun cuando no está bebido no se acerque a usted. Las relaciones entre ambos se han vuelto esporádicas y esto le hace pensar que ya no la quiere, que "anda con otra mujer".

No es nuestra intención defender a los alcohólicos, pero sabemos por la experiencia que nos da la consultoría y tratamiento en todos los países del mundo que aunque muchos son mujeriegos en las primeras etapas del alcoholismo, es decir en los primeros años de beber, que oscilan entre cinco a quince, después de este tiempo prefieren beber a tener una relación íntima con alguna persona del sexo opuesto.

Tal vez usted, empujada por la frustración y la falta de amor de su pareja, un día encuentra a alguien que se le acerca con esa intención que le falta desde hace mucho tiempo. Entonces comienza a tener relaciones extramaritales.

Si la relación fue temporal y usted se arrepintió de haberla tenido, puede significar que aún quiera a su esposo aunque sea inconscientemente, y que siente respeto por sí misma.

Si la relación no es temporal, sería bueno que se preguntara: ¿deseo realmente esta situación?, ¿estará dispuesto a casarse conmigo?, ¿es sólo un capricho de ambos?, ¿es únicamente una venganza?, ¿estoy dispuesta a pagar el precio en el caso de que mis hijos y mi pareja se enteren de esta situación? Y, por otra parte, ¿se ha planteado que quizás usted no desee sinceramente que su pareja deje de beber?

29. *Remordimientos*

Es posible que tenga remordimientos por lo que ha hecho. Tal vez siga vaciando botellas para que su esposo no beba y después las vuelva a comprar para no tener problemas con él. Quizás después de haber sido fiel a su cónyuge durante años, de pronto le sea infiel.

Todas las ocasiones en que usted se ha prometido que será la última vez que lo amenaza, que en esta ocasión sí cumplirá, no ha podido y lo peor es que no sabe por qué.

¿Será por temor a los remordimientos? Tal vez se pregunte: ¿qué pasará si lo dejo y se enferma? ¿Qué sucederá si mis hijos algún día me reprochan que no haya sido lo suficientemente tolerante?

¿Y si llega a dejar de beber y ya no me busca?

¿Y si mis hijos se van con él en vez de quedarse conmigo?

¿Qué dirán mis amistades si me divorcio? ¿Me aceptará mi familia?

¿No será que no he sabido tratarlo? ¿En el fondo tengo miedo de que si le pido el divorcio lo acepte?

Probablemente tenga remordimientos, ya que en los momentos de crisis, cuando su pareja llega arrepentido y lloriqueante a pedirle perdón por su forma de beber (seguro que le ha pasado cientos de veces), usted en vez de aprovechar la situación adopta en forma inconsciente la postura de la madre que cuida al hijo menor descarriado.

El alcoholismo tiene la característica de enfermar a quien bebe, y emocional y espiritualmente a los dependientes del bebedor. Los arrepentimientos de su cónyuge la enferman a usted, de igual forma que los suyos le afectan a él.

30. Aislamiento

¿Se ha dado cuenta de que por espacio de años ha estado dejando de asistir a lugares donde su pareja pueda beber y hacer el ridículo?

¿Cuántas veces ha suspendido la celebración de algún cumpleaños o cualquier otro festejo?

¿Cuántos pretextos ha tenido que inventar para no ir a algún lado, por el miedo de que su pareja llegue "en mal estado"? Y, ¿cuántos porque no ha llegado?

¿Recuerda las Nochebuenas que llegó a insultar o sin los regalos que usted le había encargado? ¿Cuántas veces en las celebraciones de fin de año ha estado tan pasado de copas que se ha quedado dormido en un sillón o tendido en la cama?

¿Cuántas veces se ha sentido sola y humillada porque su pareja se gastó la gratificación en una parranda y adujo que lo robaron?

Generalmente, cuando sucede este tipo de cosas comienza el aislamiento; primero se aleja de las personas que han estado en los lugares donde su pareja ha hecho el ridículo, después deja de asistir a las fiestas a las que los invitan; más adelante, empieza la etapa en la que se queda en casa con el pretexto de que tiene mucho que hacer, aunque no lo tenga.

¿Se ha dado cuenta de cuánto ha lastimado a sus hijos el continuo o periódico beber del padre?

¿Qué tanto se han aislado de ellos? ¿No cree que tanto usted como sus hijos necesitan una atención profesional adecuada?

31. *Alejamiento de la sociedad*

Como ya mencionamos, apartarse de la sociedad es parte del mecanismo de defensa de los familiares para evitar las críticas a la forma descontrolada de beber de su familiar.

Por eso, se oye decir en los tratamientos para evitar la bebida: "¿qué vamos a hacer cuando nos inviten y le ofrezcan una copa a mi pareja, no será mejor que dejemos de asistir a las fiestas?, ¿y si no tenemos bebidas alcohólicas en casa?, ¿será preferible no invitar a otras personas a la casa?"

En tanto usted se decide a intervenir seriamente (tal y como se aclara en la sección "La intervención"), es conveniente que haga una relación de aquellos hechos reales y específicos en los que su pareja haya hecho el ridículo, pero no sin antes haber realizado una lista de los hechos en los que usted inconscientemente lo haya presionado para que dejara de beber o para que se fueran ya a su casa, habiendo provocado con ello que él se enojara. La relación de sus propios defectos o equivocaciones le va a ser muy útil para cuando llegue el momento en que su esposo acepte asistir a tratamiento y juntos comiencen a crecer.

32. Culpar a otros

¿Recuerda cuando hace años culpaba a los amigos de su pareja porque él se iba a emborrachar con ellos?

¿Se ha dado cuenta de que la mayoría de estos "amigotes" beben como su pareja o ya no son sus amigos porque han dejado de beber? ¿Qué hay del pretexto de que tenía que beber con los jefes o con los compañeros de oficina?

Puede ser que los amigos sean ahora diferentes; si observa con más cuidado, son personas que beben igual que su esposo y que también tienen problemas con sus esposas.

¿Puede tener la seguridad de que son las circunstancias exteriores las que orillan a su pareja a beber?

Si usted ha leído con detenimiento las secciones anteriores de este libro, ya no tendrá duda de que su cónyuge es alcohólico desde hace muchos años. Su pareja seguirá bebiendo, porque no ha encontrado un mejor camino para enfrentarse a la vida y, cada vez que tiene algo que resolver, le sobreviene un impulso incontrolable, como consecuencia de un condicionamiento de años que le hace olvidar lo mal que estuvo, tanto física como moralmente, en la borrachera anterior. Esto, más la necesidad de beber después de haber tomado una o dos copas, le despiertan una incontrolable necesidad de seguir tomando. Es una obsesión que sólo cesa cuando el organismo llega a su punto máximo de tolerancia al alcohol.

En ocasiones puede manejarse en forma casi normal, lo que le hace pensar que puede controlar su manera de beber.

Es la condición enfermiza, tanto física como psicológica, social como espiritual lo que podría decirse que es causante de que beba sin control.

¿Puede culparse a alguien de padecer de cáncer, diabetes, tuberculosis, lepra? ¿Puede acusarse a los amigos de ello? Por otra parte, si usted piensa que se debe a que no tiene "fuerza de voluntad", está emitiendo juicios moralistas y con ello no logrará que su pareja deje de beber. Por otra parte, ¿ha analizado cuidadosamente si en realidad quiere que deje de beber?

33. Uso de medicinas alternativas

Es muy posible que su estado de nervios ya haya afectado al resto del organismo. Quizás le diga su pareja que está inventando las enfermedades; que no se deje llevar por la opinión de otros. Pero si usted se siente mal, vaya a un médico para que le haga una revisión general. No deje de decirle que su estado de nervios o sus malestares pueden deberse a la desesperación que siente por la forma excesiva de beber de su pareja. Si el médico le receta y a pesar de esto no se compone pronto, es casi seguro que iniciará el ciclo típico que consiste en ver a otros doctores y tomar medicamentos prescritos por sus amigas o parientes.

En muchos casos también recurre a acupunturistas u homeópatas con la esperanza de sentirse bien. Pero este proceso es muy similar al proceso que siguen las personas que ingieren drogas o alcohol: toman una droga o una copa para sentirse bien. Lo malo de estos remedios, es que en vez de buscar la causa del mal para curarlo de inmediato, recurren a los analgésicos, que lo único que hacen es disimular la dolencia y en ocasiones producir graves intoxicaciones.

En cualquier caso, los medicamentos deben ser prescritos por personas autorizadas, que conozcan lo que es el alcoholismo, ya que es necesario tener en cuenta que la coalcohólica en esta etapa puede estar tan enferma o más que su pareja.

En todos los casos es conveniente que la familia del bebedor recurra a un tratamiento, a veces más prolongado que el que tiene que recibir el alcohólico o el drogadicto. Esto se debe a que quien ha estado anestesiado durante mucho tiempo, al dejar de consumir la substancia que lo mantenía en ese estado, tiene la capacidad de habilitarse con mayor rapidez que los familiares, que no han tenido paliativos para los problemas que el adicto les causaba.

34. Evasión

Para llegar a esta etapa, seguramente han transcurrido muchos años y ya se ha sentido atrapada en el remolino de la adicción. Para estas fechas, sus hijos deben ser ya mayores y ha notado que el menor es su "pareja". ¿Dónde se fueron los años? ¿Qué pasó con todas las resoluciones de abandonar a su pareja antes de que fuera tarde?

Es posible que ahora mantenga usted el hogar, ya sea porque heredó, porque viven con sus padres, o porque está usted trabajando. Pero ¿por qué no tuvo el valor suficiente para tomar la decisión de internar o llevar a tratamiento a su pareja? ¿Se ha dado cuenta de que sus hijos pueden haber empezado a beber también? ¿Que algunos de ellos llega tarde, como su padre? Si bien es cierto que los hijos no heredan el alcoholismo, como antes se creía, existe una teoría en el sentido de que los hijos pueden tener una predisposición genética (el factor X) que los haga tener ese apetito especial que algunas personas tienen por el alcohol.

A lo mejor su pareja llegó a ir a algún grupo de Alcohólicos Anónimos y no se dejó ayudar en esa fraternidad, porque no estuvo el tiempo suficiente para comprender su filosofía. Puede haberle dicho que ahí sólo se habla de historias que a él no le interesan, o que los que están en Alcohólicos Anónimos sí son alcohólicos, pero que él dejará de beber cuando quiera y que no necesita tratamiento. Con respecto a este último argumento habría que preguntarle: "¿cuándo va a querer dejar de beber?"

La desilusión y el cansancio le impelen a buscar un escape de la situación en vez de buscar ayuda; puede quedarse sin hacer nada, ni siquiera tratar de que su pareja salga adelante, aduciendo que ya no tiene remedio. Incluso, en el peor de los casos, puede intentar escapar por la puerta falsa del suicidio.

Como información general y para que usted medite un poco, ¿sabía que la mayoría de los miembros de Alcohólicos Anónimos y de otras asociaciones que tratan el alcoholismo son personas que los médicos han considerado como casos perdidos?

Haga un nuevo intento. El éxito de sus años de lucha puede estar más cerca de lo que cree.

35. *Temores indefinidos*

Es posible que su pareja beba sin interrupción durante varios días y que sólo se mantenga en abstinencia en tanto vuelve a recuperarse físicamente. Generalmente en esta etapa los alcohólicos beben a hurtadillas. Sin embargo, si usted es muy comprensiva, quizá le tenga sus botellas en casa para que no salga. Ha habido muchos casos en que las coalcohólicas utilizan este recurso por el miedo a que, como su pareja no tiene control sobre sí misma, puedan atropellarle, robarle e incluso encarcelarle. Muchas esposas que cuentan con recursos económicos internan a su pareja en sanatorios para enfermos mentales, donde por lo general son atendidos con fármacos (por desgracia, en México sólo hay dos clínicas especializadas para el tratamiento de alcohólicos y un instituto que brinda terapia de consulta y tratamientos externos).

La falta de recursos económicos generalmente conduce a la esposa del alcohólico a llenarse de un temor real con respecto a lo que puede pasarle a su pareja, si llega a necesitar internamiento. Pero también existe lo que podemos llamar temores indefinidos; siente que se está volviendo loca porque teme que algo terrible va a suceder: que sus hijos pueden convertirse en adictos, o que su pareja pierda el empleo, si es que aún lo tiene. Teme no saber qué hacer si algo le llegara a suceder a su pareja.

¿No ha sido suficiente todo lo que ha pasado durante estos años de incertidumbre por la forma de beber de su pareja, como para que tome la decisión de hacer algo por usted y por su cónyuge? No culpe a los demás de su propio fracaso. A lo único que debe tenerle miedo es al mismo miedo que usted tiene de enfrentarse con la realidad.

36. Depresión

Tarde o temprano llega esta etapa, que es el preludio de mayores problemas. La falta de ánimo puede ser el primer síntoma. Quizás no se dé cuenta de que los días pasan y de que ya no le interesa si sus hijos lloran o gritan, ni si su pareja llega en mal estado. Tal vez está tan agotada que, si antes fingía estar dormida, ahora lo está de verdad. Posiblemente sienta un agotamiento físico tan grande, que no pueda ni siquiera levantarse y este hecho puede conducirla a una total pérdida del interés.

La depresión pudo estar ocasionada por la excesiva tensión que ha soportado durante estos años de lucha, en los que quería salir adelante con su familia y en los que no logró nada con respecto a la forma de beber de su pareja.

Insistimos en que es muy importante que le atiendan personas especializadas en terapia para familiares de alcohólicos. Ellos le ayudarán a elaborar un plan concreto para que su pareja deje de beber.

Evite la automedicación con tranquilizantes o estimulantes. Éstos sólo deben ser prescritos por psiquiatras o médicos bien enterados y capacitados, ya que si no conoce bien los efectos del alcoholismo en el familiar, al seguir su prescripción puede caer en una adicción de la que difícilmente saldrá.

Por eso es importante que explique su problema amplia y detalladamente. Al-Anón le podrá ayudar adecuadamente.

Entre los síntomas de la depresión están:

1. Tristeza, irritabilidad.
2. Pérdida de apetito, pérdida de peso, o aumento súbito de apetito y peso.
3. Dificultad para dormir, o dormir en exceso.
4. Pérdida de energía, fatiga, indiferencia.
5. Pérdida de interés, o euforia en las fiestas, etc.
6. Disminución del apetito sexual.
7. Sentimiento de culpa, de ineptitud, o hasta de minusvalía.
8. Dificultad para concentrarse, pensar y tomar decisiones.
9. Decisiones y comportamientos suicidas.
10. Lentitud del movimiento psicomotor o inquietud.
11. Frecuentes ataques de llanto.
12. Sentimiento de inutilidad, futilidad, o falta de esperanza.

37. Abuso de fármacos

Quizás al principio para calmar sus nervios empezó tomando té de tila, y cuando éste no le sirvió acudió al médico, que le recetó un tranquilizante. Usted empezó a tomarlo, pero llegó un momento en que las dosis señaladas ya no le hacían efecto, por lo que empezó a tomar una dosis mayor. Cuando este fármaco dejó de hacerle efecto acudió a otro médico o a más de uno, y como resultado ahora toma muchos más tranquilizantes de los que debería.

Si está tomando medicamentos, es muy probable que los consiga en alguna farmacia o entre sus amistades sin ninguna receta. En cualquier caso, lo más importante es que si está tomando un exceso de fármacos, está haciendo lo mismo que hace su pareja: emborrachándose con ellos. ¿Cuál es la diferencia? Que al beber alcohol la persona despide un tufo y al ingerir fármacos no. Otra diferencia es que este hábito de dependencia de los fármacos se desarrolla en forma mucho más rápida y peligrosa. Se ha sabido de personas que en el transcurso de un mes llegan a tomar una dosis que mataría a un caballo.

Si su pareja ingiriere fármacos además del alcohol, la intoxicación consecuente sería de dos a cinco veces más potente.

El consumo de fármacos no prescritos por médicos responsables que tengan los suficientes conocimientos sobre la farmacodependencia, puede ser sumamente perjudicial para su salud. Si está drogándose, con mayor razón necesita usted ayuda, tanto para usted como para su pareja ya que se ha comprobado que es mucho más prolongada la eliminación de los fármacos que la del alcohol.

38. Derrumbe de los pretextos

Ha llegado al final. Nada le ha dado resultado para que su pareja deje de beber. Haga un análisis de todo lo que le ha sucedido cada vez que su pareja se emborracha, todos los sufrimientos que han tenido que padecer, tantos que incluso parece que ya se habituó al juego. Todo esto ha hecho que ahora esté hundida en un pozo de desesperación.

¿No cree usted que ya es tiempo de que se dé cuenta de que por sí sola no puede solucionar su problema? En Alcohólicos Anónimos y en Al-Anón, para la recuperación del alcohólico y los efectos que la enfermedad causa a los familiares, dicen: "Pusimos nuestra vida y nuestra voluntad al cuidado de Dios, como cada quien lo concibiera". Es probable que a estas alturas, al darse cuenta de que todo lo que ha hecho no ha dado resultados positivos, se decida a pedir ayuda a quienes saben algo más de los métodos de recuperación a fin de que, al igual que usted, su pareja acepte ayuda. Volvemos a hacer hincapié en el hecho de que ambos necesitan ayuda, al igual que sus hijos.

39. Admitir la derrota

Esta etapa como la anterior es de crucial importancia para usted. ¿Sabe qué quiere decir derrota en términos náuticos? Es el lugar en el que se encuentra una nave para poder tomar un nuevo rumbo o derrotero.

Hasta que una persona acepta su derrota, no deja de luchar y padecer ¿Ha visto cómo ciertos peleadores a quienes les están dando una golpiza, en vez de derrotarse y prepararse para otra ocasión, siguen adelante poniendo su propia vida en peligro?

¿No cree que necesita ya darse por vencida antes de exponer por más tiempo su salud física y mental? Prepárese y podrá decidirse definitivamente entre los dos caminos: seguir por el que va, hasta que el alcoholismo destruya sus vidas, o capitular para recibir la ayuda de otras fuentes de fortaleza.

¿Qué es tocar fondo?

En la jerga de Alcohólicos Anónimos, "tocar fondo" es alcanzar la máxima capacidad de sufrimiento, que varía en cada alcohólico. En los primeros años de existencia de Alcohólicos Anónimos existían frases como: "No ha tocado fondo", "No está listo todavía" o "Tiene que desear sinceramente dejar de beber". Éstas han sido la causa de que muchos alcohólicos sean o se sientan rechazados incluso por organizaciones que tratan este problema. Si hubiéramos seguido basándonos en tales consideraciones, en la actualidad habría un número mucho menor de miembros recuperados.

Analicemos cada uno de los casos: "No ha tocado fondo". Tanto la familia como la persona afectada, particularmente esta última, caen en distintas crisis: llega tarde, gasta más de la cuenta, hace el ridículo, tiene accidentes, pierde el empleo y muchas otras crisis más. Como hemos podido analizar, cada vez que el bebedor baja un escalón, su pareja desciende con él, el alcohólico con esto está "tocando fondo". Por otra parte, la crisis que sufre cuando está crudo, cuando llega la "resaca" (físicamente) y cuando aparece lo que se llama en términos del bebedor "cruda moral" hace que venga un arrepentimiento, que generalmente se manifiesta con las frases: "Ahora sí prometo que no vuelve a pasar" o "Prometo que ya no vuelvo a beber tanto", o simplemente, "no sé lo que me pasó anoche". En estos casos también se está tocando fondo.

Cuando surgen estas crisis puede y de hecho debe intervenirse, diciéndole a la pareja que necesita ayuda, a la vez que se le ofrece la alternativa del tratamiento para que lo reciba.

"No está listo todavía". Esto significa que el bebedor debe llegar a un fondo más profundo, para que pueda recibir ayuda. Por lo general, quien usa este término es alguien que no está preparado, o que no conoce los métodos para ayudar y que interpreta literalmente la idea de Alcohólicos Anónimos, de que es el alcohólico quien tiene que "pedir ayuda". El enunciado de esta fraternidad dice, entre otras cosas que: "El único requisito para ser miembro de Alcohólicos Anónimos es tener el deseo de dejar de beber". Pero si este precepto se tomara al pie de la letra, Alcohólicos Anónimos estaría prácticamente vacío. Por regla general, el alcohólico quiere dejar de beber en tanto se diluyen los efectos causados por la última borrachera. Por eso hay que inducirlo a que acepte el tratamiento, ya que es difícil que lo haga por sí mismo; hay que tratar las causas del beber inmoderado, teniendo en cuenta que el alcoholismo en sí es: "La incapacidad de mantener la abstinencia, a pesar del daño que causa". Siguiendo este criterio, el objetivo ideal de un tratamiento será habilitar a una persona que bebe en exceso para una nueva vida de abstinencia feliz, sea cual fuere el escalón en que se encuentre.

El siguiente cuestionario fue ideado por el Instituto Psicoantropológico de México para determinar la urgencia de acudir a recibir ayuda. Resume lo que hasta aquí se ha dicho, sobre las preguntas que los familiares del alcohólico deben contestar con sinceridad:

1. ¿Le quita el sueño el hecho de que algún familiar suyo beba en exceso? ___ ___

2. ¿Le pide que no beba tanto? ___ ___

3. ¿Le ha dicho que debería ir a un tratamiento para dejar de beber? ¿A Alcohólicos Anónimos, por ejemplo? ___ ___

4. ¿Ha amenazado con abandonarlo o le ha advertido que deberá abandonar el hogar si sigue bebiendo? ___ ___

5. ¿Cree usted que si no bebiera sería más feliz? ___ ___

6. ¿Oculta a los demás el hecho de que su familiar bebe más de la cuenta para protegerlo? ___ ___

7. ¿Ha llamado a su trabajo para excusarlo diciendo que no irá a trabajar debido a que está indispuesto, a sabiendas de que está en esa condición por haber bebido en exceso? ___ ___

8. ¿Se han visto deterioradas sus relaciones sexuales por el modo de beber de su cónyuge? ___ ___

9. ¿Se siente en alguna forma culpable porque su familiar bebe más que antes? ___ ___

10. ¿Se siente sin esperanzas de que deje de beber? ___ ___

11. ¿El modo de beber excesivo de su
    familiar ha afectado su economía?   ___ ___

12. ¿Siente vergüenza frecuentemente
    por el mal comportamiento de su
    familiar en fiestas o en su hogar
    cuando bebe?   ___ ___

Capítulo IV

¿Qué hacer?

Consejos prácticos para una intervención dirigida

Una vez que usted ha llegado a este punto, ya está en mejor situación para comprender el modo de beber de su pareja, e incluso es posible que ya se haya comunicado con alguna fuente de ayuda. Esto no significa que el alcohólico vaya a cooperar inmediatamente, entrando a tratamiento. Hay bebedores excesivos que se someten sin problemas a la ayuda profesional y hay otros que se resisten, con lo cual retrasan su propia recuperación.

De cualquier modo, usted está en una postura favorable para ayudar a su pareja, porque ya sabe mucho acerca de sus cualidades únicas y su forma de vida. Y después de haber hecho el esfuerzo por lograr un mayor conocimiento respecto a los síntomas y los efectos del beber excesivo, debe estar más preparada para tomar en consideración una estrategia que lo ayude.

En tanto espera el momento más oportuno para que su pareja acepte recibir ayuda:

- Trate de conservar la calma, refrenar sus emociones y ser sincera sobre las realidades de la conducta y de sus consecuencias diarias con su pareja.
- Hágale saber que está usted leyendo y aprendiendo todo lo relacionado con el alcoholismo; que ha consultado con expertos y también con Al-Anón.
- Hable sobre la situación con alguien en quien confíe: su guía espiritual, una amiga o cualquier persona que tenga una experiencia relacionada con el alcoholismo, ya sea personalmente o como familiar.
- Establezca y conserve una atmósfera sana en su casa y trate de incluir al alcohólico en los asuntos familiares.
- Explique la naturaleza del alcoholismo, señalándole a sus hijos y a la familia que es una enfermedad.
- Busque nuevos intereses y en su tiempo libre, participe en actividades que le agraden a su pareja. Anímelo a que se vuelva a relacionar con sus antiguas amistades, que no beben.
- Sea paciente y viva un día a la vez. Generalmente lleva mucho tiempo la evolución del alcoholismo y la recuperación no ocurre de la noche a la mañana. Trate de aceptar los reveses y las posibles reincidencias con calma y comprensión.
- Rehuse acompañar a su pareja si insiste en beber y conducir un vehículo.
- No trate de castigar, amenazar, sobornar, sermonear, ni hacerse la mártir. Evite las exhortaciones emocionales, que sólo pueden aumentar los sentimientos de culpa y la compulsión por beber.

- No permita encubrir o excusar a su pareja, ni protegerla de las consecuencias de su conducta.
- No asuma sus responsabilidades, dejándolo sin la sensación de tener importancia o dignidad.
- No esconda ni tire las botellas, ni proteja a su pareja de las situaciones en las que se bebe alcohol.
- No dispute con su pareja cuando esté en estado de ebriedad.
- No trate de beber con su pareja.
- Por encima de todo, no asuma la culpa por la conducta de su pareja.

Intervención dirigida

Éste es un sistema para que el alcohólico acuda a un tratamiento, que suele dar buenos resultados.

A través de los años se observó que el bebedor está arrepintiéndose continuamente. A pesar de esto, vuelve a beber en el momento que ha olvidado todo lo que pasó y sufrió, tanto por beber en exceso, como por los posibles accidentes, las vejaciones y demás incidentes desagradables que han ido en contra de su dignidad, como el orgullo perdido, las crudas morales, la pérdida de valores materiales, éticos y espirituales.

Todos los familiares y allegados del alcohólico deberán aprovechar cada momento en que el adicto esté arrepentido para obligarlo a dejar de beber. El sistema de intervención dirigida ayudará a conseguir este fin. Para esto se reunirán todos los afectados del problema y con la mayor calma posible harán lo siguiente:

Primero: una lista de hechos, fechas, lugares y personas que se han visto afectadas en un momento dado.

Segundo: evitar el uso de palabras como *"siempre"*. Por ejemplo: "Siempre llegas insultando", o "siempre te emborrachas". O palabras como *"nunca"*. Por ejemplo: "Nunca te ocupas de nosotros" o "nunca llegas temprano", o "nunca estás sin beber".

Tercero: citar al alcohólico y hablarle con toda la calma posible, haciéndole ver los daños que les ha causado, enumerándole *concretamente* cada uno de ellos.

Cuarto: proponerle que vaya a tratamiento, dándole la lista de los lugares en los que puede encontrar ayuda, y de ser posible, llevarlo. Si él no acepta, aduciendo que puede dejar de beber sin ayuda, acceder con la condición de que si no le da resultado, se comprometerá a ir a los lugares propuestos.

Hay que ser firmes. No permitan que el alcohólico los maneje y caigan en su trampa.

Se ha comprobado que de las personas que llegan a tratamiento a Alcohólicos Anónimos, el 70 por ciento lo logran mediante el sistema de la *intervención dirigida* mientras que el resto utiliza otros sistemas menos efectivos.

La coacción como parte de la intervención dirigida

El empleo de la coacción puede ser un arma muy útil para que el alcohólico decida someterse a tratamiento. Esto nos lo demuestra la experiencia, ya que son pocos los individuos que han buscado ayuda sin haber sido coaccionados previamente. Al alcohólico le resulta más fácil beber para adormecer sus problemas que solucionarlos de manera definida. Existen fundamentalmente diez razones o motivos por los que el bebedor excesivo se siente coaccionado:

Las hemos enumerado de acuerdo con su orden de importancia:

1. Problemas de salud física o mental.
2. Problemas en el trabajo (amenaza de despido).
3. Problemas en el matrimonio (amenaza de separación ruptura).
4. Arrestos o detenciones por beber.
5. Amenaza a la seguridad económica.
6. Daños causados a otros y al cónyuge por beber.
7. Daño ocasionado a otros, además del cónyuge. Generalmente a hijos y padres.
8. Abandono del cónyuge.
9. Pérdida del trabajo.
10. Promesa de retorno de cónyuge e hijos, o de recuperación del trabajo.

Las primeras tres razones son las que más le van a motivar.

La coacción no solamente es útil para ayudar a que alguien entre a tratamiento, sino también para que permanezca en él. Por ejemplo, no es suficiente decirle a alguien que perderá su trabajo si no busca ayuda. La acción debe continuar y exigirle un mejor cumplimiento en el trabajo, ya que podrá hacerlo gracias al tratamiento.

Muy pocas personas habrían buscado la abstinencia feliz, de no haber ejercido presión sobre ellas para liberarlas de su hábito.

Queda entonces la pregunta de cómo y cuándo debe usarse la coacción para que sea más efectiva. Se ha comprobado que el enfrentamiento firme, abierto y honesto es la única forma eficaz.

Se debe enfrentar al individuo únicamente a los hechos reales de su comportamiento, señalándole sus opciones y lo que se espera de él, si decide entrar en tratamiento. Por ejemplo, en el caso del trabajo, es el patrón quien debe advertirle que acuda a tratamiento o de lo contrario se verá obligado a prescindir de sus servicios, ya que su trabajo está cada día más deteriorado. Por otra parte, le dirá que en el caso de optar por el tratamiento se verá compensado.

¿Cuándo se debe coaccionar al bebedor?

Hay que tener cuidado porque la coacción forzada y prematura puede traer como consecuencia una reacción adversa del alcohólico, que presentará un mayor número de racionalizaciones y defensas, con lo que sin duda se demorará más el momento en que se enfrente a las realidades de su beber excesivo. Sin embargo, si es aplicada demasiado tarde o suavemente, la coacción carecerá de efecto.

El momento adecuado para ejercerla es cuando el problema se hace notorio, ya que es cuando se puede enfrentar a la persona sin dificultades, respecto a su comportamiento específico.

No obstante siempre existen dificultades inherentes para hacer reaccionar al individuo.

Por otra parte, los allegados al bebedor excesivo, tales como sus compañeros de trabajo o sus parientes, sienten el deber de encubrirlo, en un intento de tratar de protegerlo. Es obvio que, cuanto más se proteja al individuo más se agravará el problema, posponiéndose el óptimo resultado terapéutico.

Si verdaderamente estamos dispuestos a "ayudar" a nuestros "bebedores excesivos" con efectividad, debemos prepararnos para coaccionarlos.

El poder de la coacción está en las manos de los cónyuges, patrones, hijos, amistades, parientes. En Alcohólicos Anónimos y en Al-Anón, agrupación de familiares de alcohólicos, existen personas que conocen perfectamente los métodos y uso de la coacción.

Siempre ha sido mejor prevenir que recuperarse de un daño; en este caso, evitar el alcoholismo e impedir su avance tiene una base importante en la comunicación.

Cinco claves para la comunicación familiar

Aprenda a decir con frecuencia estas cinco frases, y verá cómo cambia su vida familiar.

Te admiro. Todos los miembros de la familia tienen alguna cualidad o aptitud que merece reconocimiento, y todos necesitamos que se nos reconozca. ¿Cuándo fue la última vez que usted le dijo a su pareja (con estas u otras palabras): "Te admiro... Eres maravilloso"? Muchas parejas no se habrían disuelto si alguna vez se les hubiera dicho esto.

Te quiero. Nadie puede ser plenamente humano hasta oír que alguien le dice: "Te quiero", y por otra parte es capaz de decirle estas palabras a otra persona.

¡Gracias! Sentirse apreciado es una necesidad del ser humano. No hay mejor medicina para la depresión que se siente cuando nadie se fija en uno, que un ¡Gracias! dicho, no en forma mecánica, sino lleno de calor humano.

¡Ayúdame, te necesito! Muchas veces no podemos o no queremos admitir nuestra fragilidad o necesidad de otros, y sin embargo los necesitamos. También son muy importantes las palabras: "¿Te puedo ayudar?"

Perdóname, me equivoqué. Decir esto no es fácil, sobre todo si hay que decírselo a alguien que está a un nivel inferior al propio. Pero ¡cuántas situaciones difíciles pueden resolverse con estas palabras!

Saber perdonar. Perdonar cuesta mucho, porque obliga a quien perdona a reconocer que sus propias fallas y actitudes negativas deben ser también perdonadas.

La realidad es que el perdón trae consigo la necesidad de restablecer la confianza en las relaciones restauradas. Pero, ¿cómo confiar en quien tantas veces ha fallado? El gran número de promesas no cumplidas antes vuelven a la memoria, y la esposa dirá: "Me gustaría confiar en ti esta vez, realmente, pero no puedo", o "¿Cómo puedo decir que te perdono si aún no puedo confiar en ti?"

Este problema tiene otra esencia espiritual mucho más profunda. El alcohólico recuperado se da cuenta de que su esposa no confía en él. Esto lo frustra porque sabe que, de estar de acuerdo con su forma de pensar, su comportamiento anterior no podrá inspirar confianza. Se da cuenta de que sus relaciones no podrán ser realmente significativas, sino hasta que haya transcurrido el tiempo y ella vuelva a confiar en él, si es que eso es posible. De cualquier forma, su problema es sólo suyo, no de su esposa.

Ella sigue pensando igual, y no hace nada para mejorar la situación. Cree que es su esposo quien debe componerla. Si no reconoce su propio problema, la relación de confianza no sólo se demorará, sino que puede no llegar a restablecerse nunca.

En realidad, ella no sólo no confía en él, sino que tampoco desea ser lastimada nuevamente. Confiar en una persona cuyo comportamiento ha demostrado que no es confiable es correr el riesgo de ser lastimado. Es decir, exponerse deliberadamente a la posibilidad de ser lastimada. Éste es el problema espiritual que la esposa debe afrontar.

El costo del perdón es muy alto, pero tiene sus recompensas. Perdonar no sólo significa restaurar las relaciones más significativas, sino madurar.

Cuando el alcohólico admite su culpa, está beneficiando tanto a su esposa como a sí mismo. "Sí, claro, debo haber estado loco cuando hice lo que hice, pero ahora sé que no estaba del todo bien. De cualquier forma, lo hice y soy responsable de todo el daño que causé". Al hacer esto, está reparando el grave daño que sufrió su propia imagen ante sí mismo. Entonces se siente mejor y empieza a aceptarse.

Al aceptar el perdón de otra persona puede más fácilmente perdonarse a sí mismo y, al mismo tiempo, también se reducen sus conflictos. En consecuencia, está mejor dispuesto a aceptar (o perdonar) a los demás.

Todas las personas que rodearon al alcohólico y que sufrieron su enfermedad se benefician en este proceso. La esposa puede decir sinceramente: "No habíamos estado tan unidos como ahora en todo el transcurso de nuestro matrimonio". También ella se siente mejor consigo misma y se acepta más tal y como es. La familia aprende a reconocer las actitudes de resentimiento, orgullo y autocompasión como sentimientos destructivos.

Los miembros de la familia pueden aprender a comunicarse mejor entre sí, a manejar sus sentimientos negativos y reducirlos. Al mismo tiempo, buscan y nutren las actividades de cuidado, amor, interés en los demás, fe, compasión y gratitud. Los padres y los hijos encontrarán un nuevo afecto en su comprensión, y confiarán los unos en los otros. La comunicación entre ellos será más profunda. Ésta es la verdadera meta de todo el proceso de un buen tratamiento.

Hoja de trabajo para la intervención

"Te quiero mucho, _____ o me preocupas mucho, _____ ; quiero decirte que el viernes pasado llegaste muy mal, no encontrabas las llaves de la puerta y te pusiste a patearla y a pegar de gritos diciendo que éramos unos #*%&/!, que tú nos mantenías y que no teníamos ningún derecho a dejarte fuera. La puerta estaba sin llave y cuando entraste me diste un aventón que me tiraste al suelo, me insultaste como nunca y fuiste a despertar a los niños gritándoles majaderías. Ésta no es la primera vez que llegas borracho a la casa y nos gritas, y al día siguiente quieres que te tratemos como si nada hubiera pasado. Has dicho que tú puedes dejar de beber cuando quieras, pero ya han pasado _____ años y todo sigue igual. Me preocupa tu salud y qué va a pasar." Además:

1. Describa su comportamiento durante los años anteriores.
2. Hable de su mal uso del alcohol o drogas y cómo los afecta (procure leer antes sobre el tema).
3. Describa exactamente cómo se siente usted (no hable por los demás, cada quien debe hablar de lo suyo).

4. Exprese su preocupación por el futuro y por el presente.
5. Dígale qué opciones hay para su tratamiento (si él dice que puede solo, recuérdele que no ha podido. Si insiste, dígale que está de acuerdo, pero que si no lo logra, prometa frente a todos que acudirá a tratamiento).
6. En la última parte de este libro se enlistan varios lugares para tratamiento, a los cuales puede acudir para obtener información sobre cómo es el tratamiento y qué ventajas tiene, cuál es su costo, la duración y cómo es el lugar.

Capítulo V

Casos

No siempre las técnicas para que los alcohólicos acepten ayuda son efectivas. El dolor que sienten los familiares y amigos es grande y se necesita tomar medidas. A continuación relatamos algunas historias tomadas de la vida real para ayudar a usted en su búsqueda de la ayuda necesaria para su enfermo y más que nada para usted mismo/a.

Deseamos que ustedes encuentren una identificación en los relatos, que les sirva de pauta para solucionar su propia vida.

La historia de Dolores

Ésta es la historia de Dolores, mi esposa, dos años después de que ella y yo pudimos salir del infierno del alcohol en que ella estaba sumergida. Yo lo propiciaba sin saberlo; era una persona que por amor, en vez de ayudar la sumergía más en ese terrible mundo conocido como alcoholismo y drogadicción.

¿Cómo empezar a narrar lo que sucedió? ¿Cómo explicar lo que se siente ser el culpable sin serlo? ¿Cómo describir lo que se siente cuando la mujer a quien uno ama tanto en un momento dado se transforma, de la mujer dulce y adorada en una mujer dura y despiadada? ¿Quién puede imaginarse que lo que uno cree darle a su familia —una vida placentera— puede en algún momento ser tomado como malo? ¿Cómo es que la vida que ella le daba a nuestros dos pequeños hijos, que yo creía era buena, pudo haberse convertido en una tragedia? ¿Cómo llegó a convertirse en un infierno del que yo era culpado? ¿Podré ser el culpable? ¿Serán mis padres? ¿Serán los suyos? Ésas eran las preguntas que giraban constantemente en mi cerebro y que me impedían en gran parte un mejor desarrollo en mi trabajo. Ahí muchas veces me preguntaba si al llegar a mi casa la encontraría bien tanto a ella como a mis hijos. El teléfono de la casa constantemente estaba descompuesto y yo reclamaba que la línea siempre estaba mal. No sabía que ella misma se había encargado de desconectarlo o de romperlo, culpando a mis hijos para que yo no me diera cuenta del estado en que se ponía y yo injustamente los regañaba, incluso en algunas ocasiones no sólo los castigué por eso, sino que llegué a pegarles.

Ahora la historia ha cambiado, iniciamos a una vida mejor, aunque debo confesar que dentro de mí existe un celo que no me he podido quitar contra la Clínica y los grupos de autoayuda a los que ella asiste dos veces por semana (antes asistía casi diario y más me llenaba de celos). ¿Por qué tener celos y coraje contra quienes me devolvieron a mi esposa, a la mujer que quiero tanto y la madre de mis hijos? Debe ser porque ellos pudieron darle una nueva vida, un nuevo camino a seguir que yo con todo mi amor no pude darle.

Dolores me ha contado de la gran soledad que conoció mientras vivía con sus familiares en un pueblo cercano a la frontera (donde ella se crió); y que también, ya casada conmigo, muchas veces se sentía sola porque yo, por mi trabajo, le daba poca atención. De cómo uno de sus tíos con los que vivía, trató de abusar de ella varias veces hasta que un día su hermano se dio cuenta y estuvo a punto de matarlo. Esto había sucedido poco antes de conocernos cuando yo era supervisor del laboratorio donde sigo prestando mis servicios, ahora como director de área. También me contó que su padre había muerto en condiciones extrañas cuando ella era pequeña, y que nadie ha querido contarle lo que le pasó. Su madre desapareció cerca de dos años después. Por lo que dicen se fue con un americano a Estados Unidos. En realidad, nadie llegó a saber la verdad.

Cuenta Dolores que en el pueblo donde ella vivía sentía repudio de parte de todos los familiares y conocidos y que en el fondo, deseaba salir corriendo. Cuando yo llegué, renació en ella la esperanza de que fuese el conducto para alejarse por fin de donde había sido tan infeliz; cuando nos casamos, un mes después de conocerla, lo único que sintió que extrañaría, era a su hermana mayor que vivía al otro lado de la frontera y que estaba casada. ¿Por qué, se preguntaba, a su hermana no la alteraba el licor como a ella?, ¿cómo era que a su hermana no la había afectado igual que a ella todo lo sucedido?

En la clínica le explicaron y ella logró entender su alcoholismo. Que si éste se desarrolló en sólo siete años en crónico era porque su organismo tenía mayor predisposición que el de otras personas. Cuando Dolores fue confrontada y pudo entender el mecanismo bio-psico-social de su enfermedad, se atrevió a narrar que durante nuestro matrimonio no había podido tener relaciones sexuales felices. Ella había aprendido que el sexo era algo pecaminoso que sólo gozaban las mujeres de los centros de prostitución. La tía que la crió le había advertido sobre el pecado mortal que era el sexo y que disfrutar las relaciones con su marido era algo prohibido. El cura del pueblo también lo decía continuamente.

También me platicó que cuando había cumpleaños, fiestas del pueblo, reuniones, bautizos y demás tomaba moderadamente, pero sentía un especial placer al beber cualquier tipo de licor. Sentía que podía bailar mejor, reía y, más que nada, olvidaba las circunstancias de los años pasados.

Al venir a la Capital conmigo, tuvimos que llegar a la casa de mi madre, a quien ha llegado a querer como a si fuese la suya. Mi padre había fallecido antes de casarnos y me heredó una pequeña fortuna, que junto con mis ingresos me permitió llegar a tener una casa propia. Al final de nuestro primer año de casados, se embarazó y casi simultáneamente nos cambiamos a la nueva casa que construimos en un terreno que yo tenía. Aquí, dijo Dolores, comenzó a sentir una presión mayor y descubrió que tomando algún aperitivo, descansaba y se sentía mejor. Durante su embarazo, dice ella, no fue tanto lo que llegó a beber, casi puede decirse que era muy rara la ocasión en que lo hacía pero nunca llegó a propasarse.

El nacimiento de nuestro primer hijo fue una gran alegría para todos y hasta su hermana y cuñado vinieron al bautizo. La fiesta fue con bombo y platillo, pero también marcó el avance de su alcoholismo. No podía explicarse cómo o por qué, no recordaba casi nada de lo sucedido en la fiesta. Al día siguiente le dije que se había comportado muy amorosa conmigo y que yo estaba feliz de que por fin se hubiese desinhibido sexualmente, lo que a ella le extrañó, pues no recordaba nada. Con el tiempo supe que eran "lagunas mentales". A partir de ese día sintió la necesidad de beber algo antes de acostarse y me invitaba a que me tomara unas copas con ella antes de hacer el amor, pues en esta forma ella se quitaba el sentimiento de culpa que le habían inculcado desde chica, y también conseguía que yo no la oliera a vino.

Ya en la clínica, en terapia individual y platicando con sus compañeras de cuarto, más los libros y conferencias que tuvo le fueron quitando el miedo, la inhibición y los sentimientos de culpa. Estando en la clínica fue abriendo su vida, recordando y perdonándose las frustraciones y resentimientos y pudo comenzar a cerrar el duelo por la pérdida de su padre y de su madre.

En terapia de seguimiento, tanto en la clínica como en Alcohólicos Anónimos, las historias de sus compañeros y compañeras, especialmente las de un nuevo grupo llamado "Mujeres en Sobriedad", en la que participan sólo mujeres de todas las edades y pueden compartir sus intimidades, pudo comprender lo que significa una vida plena. Me comentó que a nuestra hija estuvo a punto de perderla al rodar las escaleras bebida. El médico que la atendió y que años después le sugirió ir a la clínica donde se habilitó de su adicción, le dijo que podía perder al bebé y que éste o ésta nacería con defectos si continuaba bebiendo durante el embarazo. Por fortuna, Dolores se abstuvo de beber debido al por el miedo que tuvo durante la caída y porque unos días antes había conocido a un niño que nació con problemas físicos.

Dolores no quería ir a tratamiento y hubo necesidad de hacer una "intervención dirigida", también conocida como intervención en crisis. Un médico amigo de la familia fue quien la trató, y por él supe que en la clínica donde después estuvo durante casi cinco semanas, podían darme la orientación necesaria para que aceptara internarse.

El sistema consiste en rodearla un grupo de familiares cercanos y hablarle en forma cariñosa pero firme del daño que nos había causado por su forma de beber. Me explicaron que quien bebe o se droga pierde noción del tiempo, y además olvida casi de inmediato el daño que ha causado, por esa razón vuelven a beber; que la pérdida de juicio es una especie de locura temporal. Hicimos lo que nos indicaron y con la ayuda del médico y de mi madre la convencimos de la necesidad del tratamiento.

Ya estando internada Dolores, recibí una serie de pláticas de orientación, las cuales me sirvieron para entender por qué yo mismo propiciaba que ella siguiera bebiendo. Que yo no era culpable de su adicción, pero era necesario que también yo fuera a grupos de autoayuda como Familias Anónimas o Al-anón y que si eso no resultaba para mejorar mi estrés, tendría necesidad de ir a terapia individual, además de seguir yendo una vez por semana a la terapia de la clínica durante un año. La terapia que recibí junto con otros codependientes, ha sido lo que logró una mejor comprensión entre nosotros. A nuestros hijos, aunque pequeños (tienen seis y ocho años), los llevamos con otros niños de la misma edad (más o menos) a una terapia especial para ayudarlos a entender que su madre estaba enferma y que no eran malos como ella les decía.

No puedo dejar de mencionar que Dolores cometió muchos errores; llegó a salir de la casa y no aparecía hasta el día siguiente. Que pudo haber tenido relaciones con otros hombres, lo cual nunca sabré, y que yo llegué a golpearla. ¿Qué pasó en esos días? Mi mente podía imaginarlo, pero el amor y los celos que sentía por ella me impedían abandonarla. Además, después aprendí que actuar como había actuado es parte de la enfermedad del codependiente. Yo me sentía culpable de su trastorno. Pensaba que por haberme casado con ella siendo tan joven (ella tenía 17 años, y yo 30) y dejarla tanto tiempo sola en la ciudad mientras yo trabajaba y viajaba, la habían vuelto adicta.

Afortunadamente, todas estas angustias y dudas han pasado o al menos ya no me torturan como antes. Al entender la enfermedad de los adictos y la mía he podido perdonar y perdonarme; Dolores también lo está logrando. Me contó que, cerca de un año antes de llegar a la clínica, uno de los médicos que fue a ver cuando se golpeó la cadera le recetó, además de un analgésico, unos tranquilizantes que la hicieron sentir muy bien. Al tomar una copa el efecto fue mayor y se sentía en las nubes. Luego se enteró que a este efecto le llaman sinérgico. Después de esta experiencia volvió con el médico para surtirse de más medicamentos y le dijo que se sentía muy deprimida y cansada, por lo que éste le recetó en vez de tranquilizantes un antidepresivo. Luego supo que en la farmacia podía adquirir sin recetas, mediante una pequeña cantidad extra, casi cualquier cosa.

Éste fue el principio del fin porque podía estar en las nubes y sin oler a alcohol. Pronto se dio cuenta de que necesitaba cada vez mayor cantidad de droga para sentirse bien; un día que yo no estaba cayó en una crisis y tuvo que ser llevada a una Clínica de Urgencias. Afortunadamente mi madre, que ya estaba enterada del problema, la ayudó, y cuando yo regresé ya había pasado el peligro. En este momento fue cuando decidí consultar a nuestro médico de cabecera y dio comienzo el nuevo camino en nuestras vidas.

Ahora seguimos los dos en grupos de ayuda para así caminar juntos hacia la verdadera paz y felicidad, ayudando a otros a encontrar una nueva vida.

Siempre hay dolor.
No siempre hay resultados

Yo siempre pensé que mi esposo bebía por la incomprensión de mi parte, de sus familiares y por sus problemas. Pensaba que esperando, llegaría el día en que se aburriría de beber y seríamos felices. Siempre soñé con el día que las bebidas dejaran de interferir en nuestras relaciones. En tanto esto pasaba, recorrí junto con él medio país, de hotel en hotel y rentando una casa y otra. Mientras mis hijos nacieron y crecieron sin un lugar fijo. De milagro terminaron una carrera en diferentes lugares.

Un día, después de años de sufrimiento, una persona a quien apenas conocía, me invitó a que fuera con ella a unas pláticas de un grupo de autoayuda. ¡Cómo se atrevía a sugerir que mi esposo era un alcohólico, un vicioso! Si él, lo único que tenía es que era débil, incomprendido y no sabía beber. Él era todo un profesionista, pero no comprendían su talento. Por eso perdió las oportunidades que había tenido, porque su organismo era débil y también su carácter ante los malos amigos. Éstos lo invitaban a tomar para sacarle el dinero cuando se emborrachaba. Lo que yo tenía que hacer —pensaba— era comprarle los licores para que bebiera en casa. Sí, ésa era la solución. Así lo hice y el caos fue mayor: bebía en casa y afuera. Que yo fuera a grupos de autoayuda como Al-anón o Familias Anónimas a donde me querían llevar, no era la solución.

Tuve que pasar muchas penas y angustias para entender que sola no podía ayudarlo. Al fin vino el derrumbe total. Tuve la necesidad de recurrir a mi familia y ellos como siempre me brindaron la mano que yo por mi soberbia no había querido aceptar. Me ayudaron a rentar una vivienda y junto con mis cuatro hijos intenté dedicarme a trabajar en bienes raíces. Ya antes había vendido una casa de mi padre y había ganado una buena comisión que se fue en pagar lo que debíamos. Mi esposo llegaba a la casa en ocasiones y yo pretendía que no pasaba nada. Lo aceptaba porque tenía muy arraigada la idea de que debía cuidar de él hasta que la muerte nos separara.

Pasaron varios meses más de infierno. Me encontré a otra amiga que también había vivido una experiencia similar a la mía y cuando me platicó su caso me interesé. Me habló de su grupo en donde había entendido lo que ella llamó "un desprendimiento emocional". Me explicó que en tanto la persona que padecía de alcoholismo no tocara fondo (llegar a un sufrimiento tal que deseara cambiar de vida) todo era inútil. Me dio a leer algunos folletos y me invitó a sus grupos. Casi de inmediato sentí que estaba con quienes entendían mi problema. De hecho, parecía que alguien les había platicado mis peripecias. Ellas y ellos (había algunos hombres con problemas de esposas alcohólicas) narraron que sus familiares desde que conocieron a sus parejas les habían dicho que tuvieran cuidado, que no se casaran hasta que sus parejas dejaran el alcohol, pues nunca cambiarían por mucho amor que se profesaran

Cómo me dolió oir esas palabras; parecía como si me hubiesen espiado o alguien les hubiera contado lo que me pasó. Con el paso de las horas y los días comencé a sentir que estaba viva, pude vislumbrar una nueva vida y en mis planes ya no estaba él. A veces me sentía mal por no darme cuenta si llegaba o no a la casa. Ya no permití que me golpeara y un día lo corrí de la casa, que era mía porque yo la había rentado a mi nombre con el aval de mis padres. Tenía que proteger a los hijos que no habían pedido nacer en esas condiciones.

Muchas veces le pedí que dejara el alcohol y nunca me hizo caso. Junto con sus hermanos, intenté la intervención dirigida y ni siquiera se inmutó con las verdades de la desesperante situación. Nos dijo a todos que nos fuéramos muy lejos, que él nunca dejaría de beber, que ésa era su vida, que nadie lo entendía y que se moriría bebiendo. Se fue de la casa y mis hijos lo iban a ver en un cuartucho del pueblo a donde antes habíamos vivido. Siempre estaba rodeado de sus amigos los "teporochos". Mis hijos le llevaban sus botellas, lo único que lo hacía aparentemente feliz. Por fin un día se fue a su pueblo con su padre y madre.

Un día, su padre me llamó para decirme que al fin me entendía, que no era yo la mala madre y esposa que ellos habían creído; ellos también intentaron hasta limpias y brujería para que él dejara de beber y había sido inútil. Saber esto me ayudó a quitarme un poco la gran culpa que aún sentía; culpa que ellos me habían hecho sentir además de la vergüenza ante la sociedad y con mis propios familiares y amistades.

Yo continuaba asistiendo cada día a mis reuniones y creando con otros compañeros nuevos centros de ayuda mutua, siguiendo los lineamientos de lo que se llama el paso doce: pasar el mensaje de ayuda. Al fin, un día sentí el total alivio del peso de la responsabilidad que se siente de cargar con el peso del esposo que no quiere curarse. Entendí que estaba enfermo de cuerpo y alma. Que hay quienes tienen que morir para que otros vivan. ¡Qué paradoja tan cruel y cierta!

El divorcio llegó cuando ya no lo necesitaba; me daba lo mismo, yo estaba liberada, había encontrado lo que tanto me decían: la liberación emocional, eso que creía que no existía. Ayudando a los demás a encontrar un programa de liberación, me ayudé a mí misma. Que no se entienda mal, no se trata de aprender a dejar al esposo o esposa, sino de la responsabilidad de vivir después haber aprendido a morir poco a poco durante años y no llegar a morir.

Cuando mi ex esposo murió, debido a una cirrosis provocada por sus años de beber, creo que ni mis hijos sintieron su partida; de hecho lo tomamos como una liberación para él y para nosotros. Mis hijos, que ya son profesionistas, ahora beben con moderación, se cuidan de no excederse porque saben que el día que no tengan control tendrán que recurrir a la ayuda necesaria. La responsabilidad de lo que les pase a mis hijos ya tampoco me inquieta.

He aprendido que cada quien tiene que llevar su propia cruz y su propia responsabilidad. Que no somos Dios para hacer siempre nuestra propia voluntad y que Dios no castiga. El Dios como yo lo entiendo es bueno y bondadoso, no castigador, y me ha ayudado a entender que merezco vivir. Que nunca es tarde para rehacer la vida y que mis hijos, ahora que se han casado tendrán sus propios problemas. Yo tengo que resolver los míos y, si puedo, los ayudaré si ellos me lo piden. Si algún día llegara a encontrar a alguien con quien pasar el resto de mi vida, tendré que asegurarme de que no tenga problemas de alcoholismo o drogadicción y que tenga un programa responsable de vida. Mientras esto pasa, sigo mi recuperación en grupo y ayudada por una terapeuta que me permite enfrentarme a las nuevas situaciones del diario vivir.

¿Yo alcohólica? ¡Nunca!

Hace ya muchos años que he visto y sentido el dolor de ver a quienes, como en el caso anterior, no pueden dejar de beber. Hay algo en el interior de estas personas que les impide encontrar el camino de la paz. Últimamente he oído hablar mucho de cursos para el manejo de las emociones inteligentes o el manejo adecuado de éstas. Creo que es fácil hablar del manejo inteligente de las emociones cuando se es más o menos normal, pero cuando hay daños de otra índole no se pueden controlar.

Cuando por más de 25 años he visto casos similares al que narraré, me pregunto: ¿cómo es posible que la gente siga creyendo que el alcoholismo o la drogadicción son vicios y el que los padece un débil moral o pecador, y que con fuerza de voluntad las personas pueden abstenerse de lo que les hace daño?

Conocí a Patricia hace 25 años. Era una mujer atractiva, llena de entusiasmo. Llegó a un grupo de autoayuda en un automóvil del año con su chofer y con un aire de autosuficiencia, creyendo que lo sabía todo. Nos contó que había estado en 12 Clínicas diferentes, tanto en México como en Estados Unidos y España, y que acababa de salir de una más. Patricia ha narrado su intenso miedo a la vida, su desesperación, angustia y depresiones que la han llevado a tratar de suicidarse en varias ocasiones. Nos ha narrado la cantidad de médicos, especialistas, consejeros en adicciones, clínicas, psicólogos y psiquiatras que la han atendido, poniéndole toda clase de nombres a su enfermedad que ella misma ha llamado existencial. Nos ha contado de la lucha de su padre y madre por hacer que ella viva "decentemente". De sus hermanos que se avergüenzan de que haga toda clase de tonterías. De lo mal que se siente yendo a los grupos de terapia, donde en vez de ayudarla la recriminan por no "poder componerse con su programa".

Nos ha narrado los meses que pasó en centros de auto-ayuda llamados de 24 horas, en donde ha sufrido toda clase de vejaciones; la muerte de padre y madre y el sufrimiento de lo que llama el abandono; su despertar en lechos desconocidos con personas extrañas. Del miedo de llegar a contraer el sida y de cómo no ha podido evitar caer una y otra vez, sin desearlo. De no ser por el fideicomiso que le heredó su familia, ella estaría ya en un manicomio de la ciudad; ha estado en costosas clínicas para enfermos mentales.

¿Cuál será la diferencia? A pesar de los salones de belleza y de los aceites que usa, su semblante es ya mortecino. Según los médicos y exámenes que le han hecho, su hígado todavía funciona bien, lo que la hace pensar que puede seguir su carrera alcohólica.

Ella nos cuenta de su enfermedad del alcoholismo con gran elocuencia; de tanto estar en clínicas sabe más que cualquiera de la enfermedad, lo malo es que no tiene la capacidad de discernir entre lo que le afecta a ella y lo que les afecta a los demás. Ella siempre justifica por qué bebe.

¿Cuánto tiempo durará? ¿dejará al fin de matarse lentamente? Quizá las nuevas tecnologías, si es que quiere probar, puedan servirle en el futuro tanto a ella como a los miles que siguen sufriendo. Mientras tanto los hermanos continúan en la lenta y dolorosa espera de que ella encuentre por fin la paz que tanto busca.

Los jóvenes también padecen

Mi padre fue alcohólico —nos narraba Luisa, una jovencita de 16 años—. Un día, hace cinco años, logró dejar de beber, no sabemos cómo. El caso es que todo comenzó a cambiar en la casa, dejamos de oir los gritos, las malas palabras y los pleitos entre mi madre y él. Yo sufrí mucho durante casi 5 años; quizá más, no recuerdo bien si tuve una niñez feliz.

Lo tengo todo borrado, aunque ahora con un terapeuta que veo regularmente en una institución del gobierno empiezo a recordar algunas cosas que me habían impedido vivir mejor. Mis estudios de secundaria me han costado mucho trabajo por falta de concentración y he aprendido que tendré que tomar algún tipo de medicamento para mejorar mi estado. Mi padre ingresó a una secta religiosa que lo ayudó en los momentos en que estaba más desesperado. Cuenta que en el hospital donde lo trataron llegó a ver insectos y arañas después de que lo desintoxicaron. A esto le llaman *Delirium Tremens*. Dura algunas horas, siendo mortal si no se cuida.

Mi hermano mayor es quizá el que más sufrió pues mi padre llegó a maltratarlo al grado de requerir hospitalización. Naturalmente, ahora sé por qué todos nos callamos y dijimos que lo habían asaltado, es lo que llaman la ocultación en las familias disfuncionales como fue y sigue siendo la mía. Se fue de la casa a los Estados Unidos; sabemos que allá está trabajando y no piensa regresar. Le tiene mucho resentimiento a mi padre. Mi madre no deja de dar gracias a Dios de que por fin mi padre haya dejado la bebida, pero no dejo de ver la tristeza en su rostro; parece que no ha bastado que mi padre deje de beber. La hemos invitado a que vaya a terapia pero se resiste, dice que ella no padece de nada.

Yo sé —dice Luisa— que le serviría mucho y el terapeuta quiere que hable con ella, pero mi madre no quiere tocar el tema. El terapeuta me ha dicho que mientras mi padre esté activo con la religión y tome conciencia de su padecimiento todo estará bien, pero que la enfermedad del alcoholismo requiere de un tratamiento a veces de años para evitar la reincidencia.

Luisa también narró que su abuelo paterno murió en un accidente, al parecer mientras manejaba en estado de ebriedad, y que ha aprendido en la terapia de jóvenes, a la que también asiste, que esto sucede con mucha frecuencia en las familias. También, dijo Luisa, ha escuchado muchas narraciones de jóvenes con problemas de alcoholismo y drogadicción en sus casas y tienen un común denominador: la falta de atención por parte de los padres a los hijos, sin importar el estrato social al que pertenezcan. Otra característica es que las familias no quieren acudir, como en el caso de su madre, a terapia. Parece ser que el alcoholismo sigue siendo un problema vergonzante en México, y esto impide que los familiares puedan volver a ser felices. No dejaré de luchar para que mi madre acuda a terapia, ya que si mi padre vuelve a beber, ella no lo resistirá; además ella también necesita aprender a vivir.

Vale la pena vivir

Después de años de sufrir y hacer sufrir, de pasar las noches en cárceles por encontrarme en estado de ebriedad, de destrozar automóviles y al día siguiente no acordarme de lo que pasó, un día empecé a tener consciencia de que lo que pasaba —nos contaba Fernando—, creía que no era normal. Que yo actuaba diferente de los demás compañeros y pensaba que lo que necesitaba era ir a ver a un psiquiatra. No entendía bien lo que me pasaba, pero mi padre y mi madre, cansados de todos los gastos y zozobras que les producía, me explicaron con gran paciencia los daños que les había causado. Recuerdo que lloré cuando me relataron casi cada una de mis tropelías y acepté ir a tratamiento psiquiátrico.

No fue sino hasta que estuve un tiempo con el psiquiatra, cuando me sugirió internarme en una clínica especializada en alcoholismo. Me dijo que tenía que tratarme primero por alcoholismo y posteriormente, si no me sentía bien, que regresara al cabo de un tiempo de abstinencia. Yo pensé que él estaba mal y no sabía nada de mi problema. Cuánta ignorancia de mi parte, me mandaba precisamente porque sabía que el alcoholismo es una enfermedad separada de otros padecimientos, y él no podía tratarla. Fui a una clínica, tenía un miedo terrible, creía que era para enfermos mentales que no tenían conciencia del mundo que los rodea. Qué equivocado estaba. Me encontré a otros pacientes, creo que más cuerdos que yo.

Ahora no dejo de pensar que sí estaba loco temporalmente, cuando usaba el alcohol para vivir y disfrutar de la vida. En la clínica aprendí lo que eran las adicciones y más que nada aprendí un nuevo programa de vida. El programa es muy flexible, ya que está hecho para todo el que lo quiera. Aprendí a ofrecer disculpas, a no culparme por mi pasado ni culpar a nadie por lo que me había pasado. Aprendí a respetar y desear ser respetado, que no soy el dueño de mis padres, de mi esposa o de mis hijos o de nadie para tratarlos mal.

Cuando salí de la clínica con nuevos amigos, mucho miedo y recomendaciones de alejarme de las personas con quienes bebía (cosa que para mí era imposible ya que mi trabajo es en relaciones sociales), tuve que enfrentarme a un verdadero reto. En un principio me parecía cuesta arriba decir que no bebía. Después me pareció que decir que ya había bebido bastante era una muy buena excusa, además de que era cierto.

Poco a poco, las personas que me conocieron empezaron a ver como natural que me abstuviera del alcohol y algunos llegaron a invitarme marihuana, pastillas o cocaína como sustituto. Afortunadamente, en la clínica aprendí que cualquier sustancia que altere mi estado de ánimo puede iniciar un nuevo ciclo de adicción y caer nuevamente en las redes de un alcoholismo o drogadicción activa. Me fue fácil dejar el alcohol en tanto no tuve que enfrentarme a una nueva situación: formar una nueva familia. Mi esposa no puede todavía entender que yo no pruebe una sola gota de alcohol; cree que una copa sí puedo tomarla y que lo que no tengo es fuerza de voluntad como ella. Me he dado cuenta que ella ha ido cayendo en un alcoholismo casero, que aunque no ha afectado a nadie todavía, siento que pronto va a haber una crisis familiar. Cuando esto llegue, espero poder ayudarla como a mí me ayudaron. Por desgracia, todo tiene su tiempo.

Me he dado cuenta de que la vida puede disfrutarse sin necesidad de usar alguna droga. Antes, en mis días de locuras temporales estaba tan preocupado por lo que pasaba que no veía ni escuchaba; sólo hablaba tonterías.

Han pasado varios años desde que estuve en una clínica, regresé a terapia con el psiquiatra, asisto a grupos de autoayuda, aunque no con mucha regularidad; pero más que nada trato de integrarme a las reuniones familiares, cosa que antes no hacía; de salir a conocer mi país con mi esposa y pequeños hijos, a veces combinando con los negocios y también para tratar de que mi esposa se aleje de la soledad de que se queja, que yo sé también es producto de su incipiente alcoholismo. Quizá, si ella lo acepta, la llevaré con un psicólogo o con mi nuevo amigo, el psiquiatra que me trató.

Las relaciones con mis padres nunca han sido mejores y ahora trato de compensar el dolor que les causé, con amor y respeto a ellos. Mi madre, que afortunadamente me conoce bien, no interfiere en mi relación con mi esposa ni con mis hijos, a menos que le pidamos ayuda con ellos.

Creo que la vida no es fácil para nadie; no tengo riqueza económica, pero sí puedo decir que mi vida es plena. Por último, debo decir que afortunadamente no padezco otra enfermedad como el cáncer, que requiere alta tecnología para ser tratada, además de un alto costo, mucho mayor que el tratamiento en clínicas especializadas.

Los familiares de Fernando nos han contado que siguiendo las instrucciones de la clínica especializada en adicciones, han aprendido que ellos también tienen que cambiar y sobre todo dejar que su hijo viva su propia vida, siendo responsable de su enfermedad. Ellos saben que no hay curación, que la enfermedad queda siempre latente y puede desarrollarse nuevamente. Saben bien que ellos también deben hacer su vida, su propia historia y no dejarse chantajear por las actitudes de su hijo. Saben que el camino es largo y difícil, pero que es posible.

Madre y esposa

Soy madre y esposa de adictos y mi problema se fue acentuando debido a una enfermedad en mi hijo caracterizada por la falta de atención a las cosas. Sé que esto sólo puede detenerse con medicamentos. Mi problema empezó hace muchos años cuando, debido a que no podíamos tener hijos, mi esposo y yo decidimos adoptar uno. Hicimos solicitudes de adopción y rápidamente nos ayudaron a realizar nuestro sueño.

Qué lejos estaba yo de pensar que era el principio de muchos problemas. La felicidad de verlo crecer se fue convirtiendo gradualmente en un problema. Recorrimos cuanto médico especialista nos recomendaban ya que nuestro hijo era muy rebelde y creíamos que esto se corregiría con mucho amor, pero no fue así. La realidad era otra: iba empeorando ya que en la secundaria comenzó a consumir alcohol, llegaba tarde a la casa, en estado de ebriedad y cometía actos de mal juicio. Desbarató dos automóviles, una motocicleta y no nos explicamos cómo no se había matado. Yo le achacaba todo a la juventud y a que su padre no le daba la atención debida. Nunca pensé que él pudiera ser un alcohólico o un adicto como llegó a ser.

Un día, él mismo llegó a decirnos que las pastillas que tomaba le estaban haciendo mucho daño, y lo llevamos con el médico familiar, quien sugirió una revisión completa y que solicitáramos informes de una clínica para adictos. Yo puse el grito en el cielo y mi esposo, que ya estaba bebiendo también más de la cuenta, lo tomó como charlatanería. Con fuerza de voluntad, que mi hijo no tiene según su padre, puede dejar la adicción. Él, hombre de negocios, podía dejar la bebida cuando quisiera. Lo malo, me di cuenta años después, es que mi esposo nunca pudo dejar de beber y tuvimos que separarnos.

Mi hijo por fin acudió a una clínica y salió adelante. Yo, con la ayuda de ellos, entré a un grupo de autoayuda llamado Al-anón y he podido rehacer mi vida. Encontré hace dos años a un nuevo esposo y los dos seguimos creciendo. Nos respetamos y no permitimos que el chantaje emocional entre en nuestro hogar, ese chantaje que fue metiéndose en mi vida por años al grado que quien fuera mi esposo me anuló por completo. Me he dado cuenta de que no siempre la enfermedad del alcoholismo puede vencerse.

No hice caso

La siguiente narración es la de Adriana:

Nunca quise hacer caso de los consejos de mi madre, de mis amigas y familiares. Yo creía saber más que ellos. Mi novio en aquellos años bebía más que los demás en las fiestas. Yo pensaba que era por sus grandes problemas. Al pobre lo había abandonado su esposa, llevándose a sus tres hijos y estaba en proceso el divorcio. Yo —decía Adriana— lo voy a hacer feliz y dejará de beber. Pasaron los años, y antes de casarnos fue a terapia y dejó de beber.

Cuando nació nuestro primer hijo, mi esposo se emborrachó del gusto, y yo lo justifiqué. Pensé que era por la alegría de tener un hijo mío. Pasaron algunos meses y él comenzó a beber un poco más pero sin excederse. A mí me pareció normal que bebiera en las fiestas y a veces conmigo para liberar las tensiones.

Nació un nuevo hijo y la forma de beber de mi esposo se acentuaba cada vez más. Yo comencé a reclamarle su falta de fuerza de voluntad. Mi esposo se enfurecía y llegó a golpearnos a mí y a mis hijos al grado de tener que ir al hospital. Levanté un acta y solicité el divorcio. Yo, que antes justificaba a mi esposo, me daba cuenta de todo lo que pudo haber pasado en su matrimonio anterior. A pesar de todo, volví con él creyendo en sus promesas. Fue inútil, al poco tiempo empezó a beber un poco, y yo creía sus mentiras. Me dijo que lo habían autorizado a beber un máximo de cinco copas.

Pasaron cinco años más. Un día que salí a trabajar, cuando regresé, me encontré con un grave problema. Él regresó a casa con uno de mis hijos en estado de ebriedad. Mi hijo mayor, de sólo ocho años, venía muy intoxicado y sin poder mantenerse en pie. Lo llevé al hospital y me dijeron que afortunadamente lo había llevado, ya que por su corta edad estaba a punto de tener un paro respiratorio. Supe que mi esposo y mi padre, que era médico, intoxicados, le dieron de beber a mis dos hijos "para que aprendieran a ser hombres desde chiquitos". Afortunadamente, el menor no tomó porque no le gustó. Al día siguiente, mi esposo me preguntó como si nada hubiera pasado por qué estaba enojada.

Sé que está enfermo, que padece una enfermedad al igual que mi padre, pero ellos no querían ni tratarse ni dejar la bebida. Le reclamé a mi padre y él, que defendía el alcohol, me dijo que era una exagerada que el podía beber y que seguiría bebiendo hasta morir. Mi padre murió poco tiempo después y mi madre dejo de sufrir por él. El amor de mi esposo por el alcohol, creo que es más grande que el que tiene por mí o mis hijos. Hace ya más de 2 años que me otorgaron el divorcio y ni él ni mi padre hicieron nada por mejorar su condición enfermiza. Traté con un terapeuta de que reaccionaran pero todo fue inútil. Yo tuve que proteger a mis hijos. El trauma que tienen por ver cómo su padre llegó a pegarme nuevamente y los insultos que recibieron difícilmente pueden olvidarse.

Me he refugiado en un grupo de Al-anón donde siento que me han ayudado desinteresadamente. Yo con mi experiencia también he podido ayudar a personas involucradas en forma enfermiza con sus parejas que aún beben y no encuentran el medio para solucionar sus problemas. Mi esposo continúa activo en su alcoholismo, pero ya no puedo permitir que habiéndosele dado tantas facilidades para recuperarse siga igual o peor. He tenido que aprender que existe lo que llaman el desprendimiento emocional: "dejar de sufrir por quien no quiere ayuda" y que yo tengo que seguir mi vida.

Capítulo VI

Detección en las empresas

Solución para ayudar a sus empleados

En la actualidad, uno de los problemas más serios que tienen que confrontar las empresas es la calidad de los servicios y productos. Para lograr lo anterior las empresas han implantado lo programas llamados de Calidad Total.

Este tipo de programas ha favorecido notablemente la calidad de los productos y servicios, sin embargo hay algo que se ha descuidado y que impide que todo el esfuerzo a veces quede nulificado. Ese algo se llama detección temprana de adicciones. El problema de las adicciones ya no puede negarse, como se venía haciendo en el pasado. Es real y afecta seriamente a la empresa como a las familias. Tiene los mismos problemas de ocultamiento y negación.

En las familias disfuncionales hay dos características: la negación y el ocultamiento. En las empresas, la negación de la existencia y el ocultamiento del problema de alcoholismo y la drogadicción es real. Es muy común por parte de los Departamentos de Relaciones humanas, de los Jefes Directos y a veces de los Médicos de la empresa, o de los Departamentos Médicos. Este problema de la no detección temprana lleva a pérdidas millonarias a las empresas.

Generalmente se piensa que las adicciones al alcohol no son graves. Que el uso de la marihuana sólo es entre los trabajadores humildes. Que no afecta el uso de las pastillas para combatir el cansancio. Que la cocaína no afecta gran cosa y sólo la usan los ricos. Esta información errónea lleva a la negación continua.

La realidad es otra, tanto los directivos como el más humilde de los empleados puede padecer de adicción a las drogas. Hay que recordar que el alcohol es una droga, como lo es la morfina. Las dos son depresoras del sistema nervioso central. ¿Por qué la negación y el ocultamiento? La razón es sencilla y a la vez muy compleja; somos generalmente muy proteccionistas y no queremos admitir que nuestra familia o empleados tienen problemas que nosotros no podamos corregir.

Dentro de la familia se protege al adicto hasta que el daño es tan grande que es imposible ocultarlo y viene la muerte o la separación; o bien pueden escoger la recuperación. En las empresas se protege a los adictos hasta que el daño causado a la organización es tan alto que se piensa en correr o relegar al enfermo a donde no haga daño.

Curiosamente, todos hablan de enfermedad de alcoholismo y adicciones, excepto la Ley Federal de Trabajo. En algunas empresas hay un dicho: "hay quienes son más peligrosos con la pluma fuente". Y ¿quiénes son los que toman decisiones? ¿A quiénes se culpa de la improductividad, a los directivos o a los trabajadores, a la mano de obra especializada o al trabajador general? La verdad sea dicha, por lo general se culpa a los empleados no especializados, a los más humildes. Si

122

una máquina especial se descompone o no funciona adecuadamente, las empresas gastan miles de pesos en la capacitación o compostura de ellas. Y ¿qué hacen cuando un directivo o especialista cuando no rinde como antes? Lo liquidan o relegan al último rincón.

En este libro no pretendemos dar una explicación completa de la detección de las adicciones; solamente trataremos de dar algunas pautas de lo que se conoce como el programa de detección temprana. En la Revista *Adictus* en su número 5 (La Marihuana) hay una explicación más completa sobre este tema escrito por los autores de este libro (pídalo al Tel. 688-77-53 o si lo desea solicite una copia fotostática a esta editorial).

Las empresas cuentan con una de las herramientas más importantes para la detección y canalización a tratamiento de sus trabajadores problema y es el miedo a perder los ingresos, a perder el trabajo.

Cuando a alguien se le ha detectado oportunamente porque bebe mucho o usa alguna droga, podría despedírsele (que no es lo ideal) legalmente teniendo testigos y justificante médico, sin que a la empresa le cueste, pero es muy difícil lograrlo. Si no existen testigos confiables o hay dudas, el empleado seguirá dando problemas como lo mencionamos antes, a menos que sea rehabilitado.

Si se hace una intervención dirigida como explicamos en el capítulo IV, se logra detectar a tiempo y se le hace ver que tiene un buen porvenir si se corrige; que su trabajo es importante y que si quiere se le dará ayuda antes que despedirlo. Es importante decir que en un 90% de los casos el empleado optará por su recuperación y el éxito de su habilitación es del 70%. Este último porcentaje nos permite ver que el costo beneficio entre despedirlo y "componerlo" es muy conveniente para la empresa.

Las empresas, a través de sus sistemas de control de ausentismo cuentan con el arma ideal para localizar tempranamente en un 80% de las veces, a quienes están ya en una fase de adicción inicial, media o final. El sistema consiste en lo siguiente:

Se ha observado que quienes padecen este problema faltan a sus labores y fallan en sus labores de 3 a 5 veces más que el empleado normal. Es decir si un empleado promedio falta 6 días al año el empleado problema falta de 20 a 30 días, sin que se le pueda despedir de acuerdo con la ley. Si se lleva un registro de cada empleado ya sea computarizado o por registro personal de los supervisores o jefes y se comparan las faltas de sus supervisados con los años anteriores se podrá ver la progresividad de faltas de quien tiene o tendrá problemas.

Las faltas que deben anotarse son desde las de por simple enfermedad, accidentes, permisos o faltas injustificadas. Una vez teniendo los totales se podrá hablar con cada uno de los faltistas mayores para conocer sus razones o excusas para faltar tanto. Si la excusa es que está enfermo la solución estará en enviarlo con un especialista al igual que una máquina se mandaría a reparación si no puede componerse en la empresa. Si la excusa es que su esposa o hijo tiene problemas, un buen especialista podrá ayudar a solucionar los problemas familiares.

La excusa puede ser muy válida para él pero no para la empresa. Al detectarse a los multiausentistas se notará que están en cierto orden. Los grupos multiausentistas pueden estar en uno o dos departamentos

124

específicos. Esto último a la vez da la pauta de que quizá exista ocultamiento por parte del jefe o supervisor. En este caso se confrontará al jefe para saber por qué los protege. La razón de registrar las enfermedades es que muchos empleados usan este medio como excusa ya que saben que con este medio no sólo cobran sino que no los castigan.

Existen actualmente pruebas especiales para la detección de empleados con problema como la llamada SASSI que puede conseguirse en EE.UU. Otro sistema que puede tenerse para verificar si hay o no drogadicción es por medio de tablillas de medición en orina que existen en varios laboratorios como Dupont. Esta última puede hacerla el médico de la empresa.

Como hemos dicho, la recuperación de las personas mediante tratamientos especializados es muy redituable; a continuación proporcionamos una lista de centros de tratamiento de diferentes costos que van desde cero pesos al mes hasta 90,000 pesos. La diferencia está en la calidad y el tiempo de recuperación, que también es desde uno hasta seis meses de internamiento.

Anexo

Opciones para el tratamiento del alcoholismo

Secretaría de Salubridad
y Asistencia,
Dirección General
de Salud Mental,
Centros de primer nivel
(Centros de salud).
Consulta externa:

Dr. Ángel Brioso Vasconcelos
    Benjamín Hill 14
    Col. Hipódromo Condesa
    Tacubaya
    C.P. 06170 México D.F.
    Tels.: 5515-2799 • 5515-4899
Tratamiento psiquiátrico y psicoterapia individual o grupal. Canalización
a Alcohólicos Anónimos.

Dr. Atanasio Garza Ríos
    Dr. Erazo 75 con Dr. Vértiz
    Col. Doctores
    C.P. 06720 México D.F.
    Tel.: 5588-6697
Psicoterapia individual y tratamiento
médico-psiquiátrico. Sesiona un grupo
de Alcohólicos Anónimos.

Beatriz Velazco de Alemán
    Eduardo Molina
    esq. Peluqueros
    Col. 20 de Noviembre
    C.P. 15300 México D.F.
    Tel.: 5795-4487
Tratamiento médico-psiquiátrico y
psicológico, individual o grupal. Canalización a hospitales y centros del
tercer nivel. Orientación familiar.

Dr. Juan Duque de Estrada
    Oriente 170 núm. 154
    Col. Moctezuma 2a. Sección
    C.P. 07750 México D.F.
    Tels.: 5571-2572 • 5571-0524
Tratamiento psiquiátrico, psicoterapia
individual y familiar. Orientación individual y grupal. Coordinación con
Alcohólicos Anónimos.

Dr. Domingo Orvañanos
Libertad 34 y Comonfort
Col. Morelos
C.P. 06200 México D.F.
Tels.: 5526-1359•5526-0395
Tratamiento medicamentoso. Canalización a Hospital General. Coordinación con Alcohólicos Anónimos.

Dra. Margarita Chorne y Salazar
    Div. del Norte 2986
    Coyoacán,
    C.P. 04370 México, D.F.
    Tels. 5544-1649 • 5549-4251
Rehidratación, psicoterapia individual y tratamiento médico psiquiátrico. Coordinación con Alcohólicos Anónimos para canalización y plática. Orientación familiar.

Mixcoac
    Rembrandt 32
    Mixcoac
    C.P. 03910 México D.F.
    Tels.: 5563-3713 • 5563-3728
        5563-3753
Psicoterapia individual y familiar. Sesiona un grupo de Alcohólicos Anónimos.

Portales
    Calz. San Simón 94
    Col. San Simón
    C.P. 03660 México D.F.
    Tels.: 5539-0592 • 5539-6567
Psicoterapia y tratamiento médico psiquiátrico. Coordinados con Alcohólicos Anónimos para canalizar pacientes. Orientación y psicoterapia familiar.

Dr. Rafael Ramírez Suárez
Av. Montevideo
esq. 17 de Mayo
San Bartolo Atepehuacan
C.P. 07730 México D.F.
Tels.:5586-5633
Tratamiento psiquiátrico. Psicoterapia individual.

Soledad Orozco de Ávila Camacho
    Juventino Rosas 78 esq. Tetrazzini
    Col. Ex-Hipódromo de Peralvillo
    C.P. 06250 México D.F.
    Tels.: 5583-0170 • 5583-0179
        5583-0125
Tratamiento psiquiátrico, psicoterapia individual y familiar. Sesiona un grupo de Alcohólicos Anónimos.

Xochimilco
    Calle Juárez 2 esq. Pino
    Col. Barrio San Juan
    Xochimilco
    C.P. 16000 México, D.F.
    Tel.: 5676-0043
Psicoterapia individual y tratamiento medicamentoso.

Instituto de Seguridad
Social para los Trabajadores
al Servicio del Estado
(ISSSTE)
Centros de tercer nivel
Consulta externa y hospitalización

Hospital General
Lic. Adolfo López Mateos
Av. Universidad 1321,
Col. Florida,
México D.F.
Tel.: 5661-3488

Hospital General Dr. Fernando Quiroz
Felipe Ángeles y Canarios
Col. Bellavista
México D.F.
Tel.: 5515-9222

Hospital Psiquiátrico Fray
Bernardino Álvarez
(Dirección General de
Salud Mental-SSA)
Av. San Buenaventura esq.
Niño Jesús
Col. Tlalpan
C.P. 14000 México, D.F.
Tel.: 5573-1500

Hospital General
Dr. Manuel Gea González
Calzada de Tlalpan 4800
Col. Toriello Guerra
México D.F.
Tels.: 5655-1147 • 5655-1124

Centro Toxicológico
Jóvenes por la Salud
Prol. División del Norte
esq. Av. México
Col. Huichapan
México D.F.
Tel.: 5676-2885
Los servicios que ofrecen son: consulta
externa y hospitalización por secuelas
de alcoholismo, rehidratación y trata-
miento medicamentoso, así como ca-
nalización a los grupos de Alcohólicos
Anónimos.

Secretaría de Marina

Centro Médico Naval
Boulevard Adolfo López
Mateos 230
Col. Progreso Tizapán
Del. Álvaro Obregón
C.P. 01090 México D.F.
Tel.: 5550-6100
Rehidratación. Tratamiento farma-
cológico y psicoterapia individual.
Orientación familiar. Pláticas semana-
les de Alcohólicos Anónimos y coor-
dinación con Al-Anon. Canalización a
la Clínica San Rafael.

Hospitales de Urgencias
Médico-quirúrgicas del
Departamento del Distrito Federal

Hospital de Traumatología
Coyoacán
Hospital de Traumatología
Balbuena
Hospital Gregorio Salas
Hospital de Traumatología
Rubén Leñero
Hospital de Traumatología
La Villa

Todos los anteriores ofrecen atención de urgencias por intoxicación etílica, hospitalización en caso de complicaciones y canalización a los grupos de Alcohólicos Anónimos.

Instituto de Seguridad
y Servicios Sociales para
los Trabajadores al Servicio
del Estado (ISSSTE)
Servicios de primer nivel
Consulta externa:

Clínica Aragón
Clínica Azcapotzalco
Clínica Balbuena
Clínica 5 de Febrero
Clínica Chapultepec
Clínica Ermita
Clínica Guerrero
Clínica Juárez
Clínica de Neuropsiquiatría
Clínica Peralvillo
Clínica Perú

Clínica Revolución
Clínica San Rafael
Clínica Santa María
Clínica Villa Obregón

Las anteriores dan tratamiento medicamentoso, rehidratación, orientación familiar y canalización a los grupos de Alcohólicos Anónimos. Algunos también ofrecen tratamiento psiquiátrico y neurológico.

Instituto de Seguridad
y Servicios Sociales para
los Trabajadores al Servicio
del Estado (ISSSTE)
Servicios de segundo nivel
Consulta externa

Clínica Alberto Pizanti
Clínica Churubusco
Clínica de Especialidades
de Neuropsiquiatría y Salud
Clínica Gustavo A. Madero
Clínica de Marina Nacional

Las anteriores ofrecen tratamiento medicamentoso, rehidratación, orientación individual y canalización a grupos de Alcohólicos Anónimos y Al-Anon.

Dr. Manuel Cárdenas de la Vega
5 de Febrero 12 esq. Victoria
Col. Martín Carrera
C.P. 07070 México D.F.
Tels.: 5577-1046 • 5577-1049
Tratamiento psiquiátrico y psicoterapia individual. Orientación familiar. Canalización al Hospital Fray Bernardino Alvarez.

Centro Comunitario de Salud Mental (CECOSAM) Cuauhtémoc
Dr. Enrique González Martínez 131
Col. Sta. María la Ribera
México D.F.
Tel.: 5541-4749
Desintoxicación. Atención farmacológica y psicoterapia individual, grupal y familiar.

Centro Comunitario de Salud Mental
Zacatenco
Huanuco 323 esq. Calz. Ticomán
Col. San Pedro Zacatenco
México, D.F.
Tels.: 5754-2205 • 5754-6610
Tratamiento psiquiátrico y psicoterapia individual

Secretaría de Salubridad y Asistencia
Servicios de segundo y tercer nivel
Consulta externa y hospitalización

Centro Hospitalario
Dr. Darío Fernández
Centro Hospitalario
Dr. Gonzalo Castañeda
Hospital General de México
(Dirección de Asistencia Médica)
Hospital General
1o. de Octubre

Los anteriores ofrecen los servicios de consulta externa y hospitalización por secuelas de alcoholismo, rehidratación y tratamiento medicamentoso. Canalización a grupos de Alcohólicos Anónimos.

Instituto Mexicano
del Seguro Social (IMSS)
Servicios de primer nivel
Consulta externa

Clínica 1
Clínica 2
Clínica 3
Clínica 4
Clínica 5
Clínica 6
Clínica 7
Clínica 9
Clínica 11
Clínica 12
Clínica 14
Clínica 15
Clínica 16

131

Clínica 17
Clínica 18
Clínica 19
Clínica 20
Clínica 21
Clínica 22
Clínica 23
Clínica 29
Clínica 30
Clínica 31
Clínica 59

Estas clínicas ofrecen los servicios de rehidratación, tratamiento medicamentoso, orientación individual y familiar y canalización a los grupos de Alcohólicos Anónimos.

Instituto Mexicano
del Seguro Social (IMSS)
Servicios de segundo nivel
Consulta externa y hospitalización

Clínica Hospital 8
Clínica Hospital 10
Clínica Hospital 13
Clínica Hospital 24
Clínica Hospital 25
Clínica Hospital 26
Clínica Hospital 27
Clínica Hospital 28

Los anteriores ofrecen los servicios de urgencias, rehidratación, tratamiento medicamentoso, orientación individual y canalización a los grupos de Alcohólicos Anónimos.

Instituto Mexicano
del Seguro Social (IMSS)
Servicios de tercer nivel
Consulta externa y hospitalización

Hospital General Centro Médico
  La Raza
Hospital General del Centro
  Médico Nacional

Servicio de urgencias. Tratamiento médico y psiquiátrico. Canalización a Alcohólicos Anónimos.

Instituto Mexicano
de Psiquiatría

Centro de Ayuda al Alcohólico
  y sus Familiares (CAAF)

Rehidratación. Tratamiento farmacológico; psicoterapia individual y grupal. Canalización a los grupos de Alcohólicos Anónimos.

Centros Médicos Particulares
Clínicas La Prensa

Clínica 1
Clínica 2
Clínica 3
Clínica 4
Clínica 5
Clínica 6
Clínica 7

Todas ofrecen el servicio de rehidratación y tratamiento medicamentoso.

Clínica San Rafael
Insurgentes Sur 4177
Col. Santa Úrsula
C.P. 14420 México D.F.
Tel.: 5573-4266
Internamiento de diez días como mínimo. Tratamiento médico, psiquiátrico y psicológico; incluye desintoxicación.

Centros de Tratamiento

Asociación CESAD, A. C.
Mirador 32
Col. Granjas El Mirador
C.P. 04950 Coyoacán, México D.F.
Tels.: 5671-1874 • 5671-1753
5594-5398
Fax: 5671-1874
Correoelectrónico:
cesad@dl1.telmex.nct.mx
Tratamiento e internamiento por cinco semanas (institución privada).

Hospital De Jesús
20 de Noviembre 82
Centro
C.P. 06090 México D.F.
Tels.: 5522-2782 • 5522-3295
Servicio de urgencias. Hospitalización, rehidratación y tratamiento farmacológico. Canalización al Hospital Juárez y al Hospital General.

Hospital Mocel
Gelati 29
Col. San Miguel Chapultepec
C.P. 11850 México D.F.
Tel.: 5277-3111
Página internet:
www.angeles.com.mx
Atención psiquiátrica a nivel de consulta externa u hospitalización. Tratamiento farmacológico.

Monte Fénix
Las Flores 439
Col. San Ángel Inn
C.P. 01060 México D.F.
Tel.: 5681-3011
Correo electrónico:
relpublicas@supernet.com.mx
Tratamiento de adicciones de cuatro a seis semanas. Tratamiento interno individual y de grupo durante 45 días.

Quinta Santa María
Calle Coahuila 60
Huitzila, Hidalgo
(Antes de llegar a
Tizayuca)
Camino antiguo a
Pachuca, Tel.: (01-779) 605-06
Internamiento por el tiempo que sea necesario. No hay desintoxicación (institución privada).

Sanatorio Español
Ejército Nacional 613,
C.P. 11560 México D.F.
Tel.: 5255-9600
Página internet:
www.hespanol.com
Servicio de urgencias. Hospitalización
y consulta externa. Tratamiento psi-
quiátrico.

Organismos Comunitarios

ADC Cantú
Montaña 649
Col. Lomas de Cuernavaca
C.P. 62589 Cuernavaca, Morelos.
Tels.: (73) 26-19-00 • 26-22-73

Al-Anon
Oficina intergrupal
Río Nazas 185
Col. Cuauhtémoc
México D.F.
Tel.: 5208-2170 • 5208-9667
Correo electrónico:
al-anon@spin.com.mx
Idem AA, para esposas de alcohólicos,
150 grupos, según datos de la oficina
intergrupal.

Alcohólicos Anónimos
Central Mexicana de Servicios
Generales de A.A.
Guatabampo 18
Col. Roma Sur
C.P. 06760 México D.F.
Tels.: 5264-2588 • 5244-2466
5264-2406
Fax 5264-2166
Página internet:
http://www.osgmexico.8m.com

Clínica Cuernavaca
Calle Cibeles 11
Col. Delicias
Cuernavaca, Morelos
Tels. (73) 15-09-51
Sky Tel.: 01 800 903 4500
Pin: 527 30 65

Consejo Nacional sobre
las Adicciones (CONADIT)
Aniceto Ortega 1237, 1er. piso
Col. del Valle
C.P. 03100 México D.F.
Tels.: 5524-7972 • 5524-7537
Fax: 5534-9024
Información gratuita sobre alcoholis-
mo y drogadicción.

Drogadictos Anónimos
Eje 1 Poniente 58
Col. Guerrero
C.P. 06000 México, D.F.
Tel.: 5592-2517

Hacienda del Lago
  Callejón del Arroyo 160
  Fracc. Villanova,
  C.P. 45920 Ajijic, Jalisco.
  Tels.: (01-376) 614-57 • 615-14
  Correo electrónico:
  halal@prodigy.net.mx
  Tratamiento completo de cuatro a seis
  semanas. Internamiento.

Instituto Dr. Jellinek, A. C.
  Sur 77 núm. 4366
  Col. Viaducto Piedad
  México D.F.
  Tel.: 5538-3229

Instituto Mexicano de Psicoterapia
  Río Balsas 17,
  Col. Vista Hermosa
  Cuernavaca, Morelos.
  Tel.: (01-73)12-49-71 • 12-15-87
  Correo electrónico:
  clcuernavaca@mexis.com
  Tratamiento de cuatro a seis semanas.

Oceánica
  Estero La Escopena
  Estero Playa Delfines
  Apdo Postal 1466
  C.P. 82110 Mazatlán, Sinaloa.
  www.oceanica.com.mx
  Correo electrónico:
  oceanica@red2000.com.mx
  Tratamiento completo con duración de
  cuatro a seis semanas.

Oficina Intergrupal de A.A.
  República de Chile 34, 2do. piso
  Despachos 201 y 202
  esq. Belisario Domínguez
  Primer Cuadro
  C.P. 10022 México D.F.
  Tels.: 5518-8275 • 5510-2838

Programa VIVE para atención
de Adicciones, A.C.
  Programa de internamiento
  económico para Alcoholismo
  Rinconada Río Pánuco 6
  Col. Vista Hermosa
  Cuernavaca, Morelos.
  Tels. (01-73) 16-16-41 • 22-02-49

Revista *Liber-Adictus*
  Calle 23 núm. 15
  Col. San Pedro de los Pinos
  C.P. 03800 México D.F.
  Tels.: 5598-8467•5598-8647
        5598-9867
  Página internet:
  www.adictus.com.mx
  Correo electrónico:
  liberadictus@adictus.com.mx
  Revista especializada en el tema de
  las adicciones.

Nota: si usted o algún familiar necesita ser internado, solicite informes en la oficina intergrupal de AA de su localidad. Puede revisar el directorio telefónico o llamar, en México, al teléfono 5264-2461, o bien acudir al Consejo Nacional contra las Adiciones (Conadit).

Información sobre AA en Estados Unidos, su página en internet es la siguiente: www.alcoholicsanonymous.org/index.html

Información sobre el programa de aceptación "Nueva Vida" de las mujeres a favor de la sobriedad ("New Life" Aceptance Program of Women for Sobriety, Inc.) en Estados Unidos:

correo electrónico: wfsobriety@aol.com

página en internet: www.mediapulse.com/wfs

Información sobre Consejo pro humanismo democrático y seglar (Council for Democratic and Secular Humanism, Inc.): www.codesb.org/sos/

SOLUCIONES PARA CONVIVIR
CON UN ALCOHOLICO
OCTUBRE 10, 2000
IMPRESIÓN Y ENCUADERNACIÓN:
QUEBECOR IMPREANDES
SANTA FE DE BOGOTÁ
COLOMBIA